資格合格逆算

司法書士・行政書士
桐ケ谷淳一

みらい PUBLISHING

はじめに

司法書士試験を6回受験した私が見つけた「短期合格法」

「しくじり先生　俺みたいになるな!!」（テレビ朝日系）というバラエティ番組をご存じですか？

タイトルぐらいは聞いたことがあるかもしれません。芸能人が自分のやらかした失敗を面白おかしく振り返りながら、それを反面教師にして学んでいこうという内容が、多くの視聴者から人気を集めました。

私は桐ケ谷淳一と申します。友人たちやクライアントさんからは「きりじゅん」と呼ばれていますが、自称「資格試験の〝しくじり先生〟」です。

私は現在、東京都内で自身の司法書士・行政書士事務所をやっている、れっきとした有資格者です。決して怪しい者ではございません。

司法書士と**行政書士**の他には、**日商簿記2級**と**ファイナンシャルプランナー3級**の資格も保有しています。

それなのに、なぜ自分を〝しくじり先生〟と言ったかといえば、私が司法書士試験を6回受験して、ようやく合格したからです。

司法書士試験はかなりの難関であり、数年間勉強に専念して合格することは珍しくありません。

しかし書店に行けば、「司法書士試験一発合格！」「●カ月で合格！」といった華々しい実績を掲げた先生方の著作もたくさん並んでいます。

そんな優秀な人たちに比べたら、私は全然ダメダメな受験生でした。

ちなみに行政書士試験も1回で合格できず、何回も受験してようやく突破しました。

資格試験業界でいう「一発合格者」ではなく、「長期受験生」だったのです。

「一発合格者でもない桐ケ谷が、なんで偉そうに資格試験の合格法を書いているの？」

そう疑問に思われる人もいるでしょう。

しかし、逆なのです！

長期受験生だった私だからこそ、資格試験受験者が陥りがちな失敗パターンがわかるのです。なぜなら、私自身がたくさん失敗して、回り道してきたからです。

私の〝しくじり〟を反面教師として、ぜひ短期合格を目指してほしい、そんな思いで本書を執筆しました。

ムダな勉強をしないで、適正なメソッドに従えば、資格試験は短期合格できます。

それが私の提案する「逆算メソッド勉強法」です。

本書を読んでくださった読者の方は、長期受験の沼にハマることなく、ぜひ短期合格を勝ち取ってください。

目次

序章 合格までの最短ルート「逆算メソッド勉強法」とは？

第1章　逆算してこそ有効な「ステップアップ勉強法」

第2章 インプットとアウトプットの「反復勉強法」

第3章　時間を制する者は試験を制す「時間管理勉強法」

第4章　合否の鍵を握るのはココ！「健康管理勉強法」

第5章　最後は心の在り方！「メンタル管理勉強法」

終章　資格試験予備校はどう選ぶ？

序章

合格までの最短ルート
「逆算メソッド勉強法」とは？

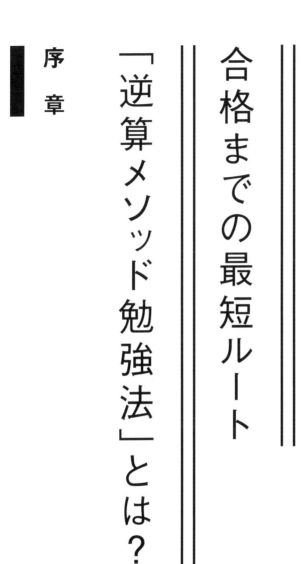

今こそ「難関資格」に挑戦すべき3つの理由

コロナ禍が続き、景気悪化に耐える日々にもようやく慣れてきたかと思えば、今度はロシアのウクライナ侵攻からの円安と物価高がニュースを騒がせています。

さらには改善の兆しさえ見えない我が国の少子高齢化と財政再建の問題など、相変わらず不安は尽きません。

このように混沌とした現代社会では、かつて昭和の時代から日本的経営の美徳とされた「年功序列・終身雇用」などは、もはや風前の灯火といった状態です。

現に、新型コロナウイルス感染拡大がはじまった2020年2月以降、コロナ禍の影響による解雇や雇い止めの人数は、累計で13万人を超えたとのニュースもありました（2022年3月、厚生労働省のデータによる）。

今後も従業員に対して、解雇とまでいかなくても早期退職や希望退職を募る企業は増えていくことが予想されます。

勤め先の企業に頼っているだけの受け身の姿勢では、生き残ることは難しい時代になったといえるでしょう。

自分の価値を高め、それを外部にも客観的に証明できるようにして、会社を離れても個人として生きていくことができる人材へと成長していくことが求められています。

そのためのきわめて有効な手段が「資格を取得する」ことなのです。

資格があれば、自分の実力を他人に証明することができます。

「私は英語がペラペラです」と自己申告しているだけのAさん。

「私は英検1級を●年●月に取得しました」と履歴書に書いてあるBさん。

あなたはAさんとBさん、どちらの英語力を信用しますか？

おそらく99パーセントの人が「英検1級のBさん」の英語力を信用するのではないでしょうか。

これこそ、資格がもつ力なのです。

それでは、時代状況もふまえて、今この時期にこそ資格を取得するべき理由を私なりに3点挙げてみます。

①コロナ禍で独立・副業する人が増えている。自分も独立・副業に資格を活用したい！

⬇独立や副業にこそ資格は有効です。資格を取得すれば、その分野について一定の知識があるということが証明されます。

会社を辞めて転職や独立したり、会社に勤めながら副業をしたりする場合には、会社の肩書は使えません。そんなときにも、資格があなたの肩書代わりとなって能力を証明してくれるのです。

②「人生100年時代」に向けて、定年後のセカンドキャリアに資格を生かしたい！

⬇多くの企業では60歳で定年となります。2013年に「高年齢者雇用安定法」が改正され、希望者は原則65歳まで継続して働けるようになりました。

しかし「老後2000万円問題」が取りざたされたように、老後の資金確保のために働ける限りは働きたいというのが多くの人の心情でしょう。

定年退職すれば、会社の肩書はなくなります。「●●会社で部長をやっていました」というのはアピールポイントになりません。それよりも「簿記1級をもっているので経理は任せてください」という人の方が、再就職でも独立でもよほどアピール力は強いでしょう。

③資格を取得することで自分に自信をつけ、自己成長・自己実現にもつなげたい！

⬇独立や副業ではなく、会社に勤め続ける場合でも、資格が自分の実力の証明になることは変わりません。

「Cさんはこの資格をもっていて、知識がある人材だから、会社にぜひ残ってほしい」

このように判断されて、待遇面などでも配慮されることもあるでしょう。

なによりも、「私はこの分野で知識がある」と証明できる資格があることは、自分の自信になります。会社になにがあっても自分に紐づいた「パーソナルスキル」があることは、精神衛生上、とても安心なことです。

いかがでしょうか？　これらのうちどれかひとつでもあてはまる方は、ぜひ資格試験の勉強をはじめてみることをお勧めします。

「逆算メソッド勉強法」で短期合格を目指そう！

資格試験の勉強をするうえで、いちばん大切なことはなんでしょうか？

答えはシンプルです。

「合格すること」です。

それも「できるだけ短期間で合格すること」がより大切になります。

資格試験は合格しなければ意味がありません。

簿記検定をもっていない人が「私は簿記の勉強を10年やっています！」といっても、能力の証明になりません。むしろ「簿記の勉強をしても検定に受からない、簿記ができない人」というイメージさえもたれてしまいます。能力の証明になりませんし、なにより自分に自信がもてないでしょう。

ですから、資格の勉強をするなら合格を、それもできる限り短期合格を目指すべきです。短期で資格試験に合格すれば、そのぶん早く実務経験を積むことができます。それだけ大きな自信にもつながりますし、自己成長のスピードも早くなるのです。

「タイム・イズ・マネー」です。時代や環境の変化も早くなってきています。早く資格を取得しなければ、ビジネスに活用できなくなってしまう恐れもあります。司法書士試験に6年間もの月日を費やした私がいうのですから、間違いありません。

高校受験や大学受験で結果を出した人や、そもそも試験勉強が得意なタイプの人は、私の本など読まなくても、さっさと資格試験に合格してしまうでしょう。

そんな天才や秀才はさておき、本書では仕事や家事で忙しいサラリーマンや主婦の方、あるいはこれまでの人生で試験勉強の習慣がなかった方などのために、短期合格で必要な考え方や勉強法をお伝えしたいと思います。

かつて長期受験生だった私だからこそ、できることだと思うからです。

その勉強法を私は「逆算メソッド勉強法」と名付けました。

繰り返します。「逆算メソッド勉強法」です。


「逆算メソッド勉強法」はその名の通り、「合格」というゴールから逆算して、「自分が今、なにをすべきか」を常に意識して勉強をしていくメソッドです。

旅行するときは「グーグルマップ」などの地図アプリや「ナビタイム」などの乗り換え案内アプリを用いて、目的地までの最短ルートを事前に検索するはずです。

私が司法書士受験生だった当時、ある資格試験予備校に「●●ダイヤグラム講座」と銘打ったカリキュラムがありました。「ダイヤグラム」とは、鉄道の運行計画を図で示したものです。ニュースなどで「雨により電車のダイヤが乱れる」などといわれるときの「ダイヤ」です。

電車が大好きで、いわゆる「鉄ちゃん」だった私のハートを直撃するネーミングでしたので、よく覚えています。

一般的な「ダイヤグラム」では、横軸を時間、縦軸を位置の座標として、時間変化による列車の位置の変化を「スジ」とよばれる線で表す形となっています。

「逆算メソッド勉強法」でも、時間（試験日までの残り時間）という軸と、位置（試験範囲のどこを自分は勉強しているか）という軸を常に意識しながら勉強することを大切にしています。

それによって、合格という目的地までの最短ルートを進むことができるのです。

合格への近道だと思っていた勉強法は、実際に検索をすると別のルートが最短だった、ということは結構あります。

私もそんな経験を何度もしてきましたので、本書でも恥を忍んで紹介していきます。ぜひ反面教師にしてください。

ゴールから逆算して「遠回りの勉強法」から脱却

短期合格したいのならば、現在地からゴール（合格）を見ようとするのではなく、ゴール（合格）から逆算して現在地を見ていくという発想が大切になるのです。

その考え方から生まれたのが「逆算メソッド勉強法」です。

科学の研究手法には、大きく分けて「帰納法」と「演繹法」というアプローチがあります。

「帰納法」は具体的な事例を集めて、広く通用する原理や法則を導き出すアプローチです。

「演繹法」は一般的な理論から、個々の具体的な事例を説明しようとするアプローチです。

私が提唱する「逆算メソッド勉強法」は、いわば演繹法的なアプローチといえるかもしれません。

資格試験の勉強法は、まだ世の中に知られていない事実を発見するための学問ではありません。すでに世の中で一般的になっている知識について、一定レベルの取得を目指す勉強です。

ですから、「資格試験で必要な合格レベル」をきちんと認識したうえで、個々の分野の勉強に取り組むアプローチが効率的なのです。

「逆算メソッド勉強法」は、大きく分けて次の5つの分野から成り立っています。

①ステップアップ勉強法
②反復勉強法
③時間管理勉強法

④健康管理勉強法
⑤メンタル管理勉強法

この5つの勉強法について、本書で順次ご説明していきます。

目指す資格によって合格に必要な勉強量も違えば、学習する中身も異なります。勉強方法も十人十色ですし、生活環境や生活リズムも人それぞれです。そのため、本書では資格試験全般に通じる勉強法を紹介します。

ここで紹介している方法を実際に自分で試してみて、使えるところをつまみ食いしていくだけでも、効率よく勉強できて合格に近づくでしょう。

資格試験は、難関になればなるほど途中で脱落していく人も多くなります。勉強を開始した直後は「頑張るぞ！」と気合が入っていても、時間の経過とともに勉強を辞めていく人が出てきます。

私が司法書士試験の勉強をしていたときも、受験仲間だった人たちが、仕事が忙しくなったり、勉強に追いつかなくなったりと、いろいろな理由によって合格を果たすことなく勉強を辞めてしまいました。

本書で紹介している勉強法は、極めてシンプルな手法ばかりです。インターネットや書籍で、勉強法の情報ばかりが増えている世の中だからこそ、本書ではあえて「基本のキ」

とでもいうべきシンプルで本質的な情報だけを出すことに徹しました。

「あれもやらなきゃ、これもやらなきゃ」と右往左往して迷う時間を極力少なくして、必要なことだけを、必要な分だけやる。そんな合理的な勉強法です。

合格までの最短ルートを、早い段階で見つけられるかどうか。それが短期合格者になるか、長期受験者になるかの分かれ道となるのです。

私も自分の受験生時代を振り返って、「勉強時間が全然足りていなかったから受からなかった」という思いがありました。しかしよくよく分析すると、試験の合格に必要な点数がわかっていたにもかかわらず、「他の受験生と差をつけないと合格しないのではないか」という焦りから、必要のないことまでやってしまう、という悪循環に陥っていたと反省しています。

まさに自分から「遠回りの勉強法」に迷い込み、気がつくと6年もの時間を費やしてしまいました。

本書ではそんな私の「しくじり体験」から、皆さんは同じ失敗をしてほしくないとの思いで、ゴールから考える「逆算メソッド勉強法」を提案していきます。

6年におよんだ私の司法書士受験生時代

私が司法書士試験を受けようと決めたのは、大学3年生の春でした。

通っていた大学には司法試験受験コースがあり、もともとそのコースには所属していました。当時はまだ法科大学院制度もなく、難関中の難関だった旧司法試験の時代でした。

しかし、「なんとなく司法試験は向いていないかな」と思い、あまり真剣に勉強をしていなかったのです。

ある日、書店で司法書士試験予備校のパンフレットを見つけました。それまで司法書士という資格について詳しく調べたことがなかったのですが、パンフレットの説明を見ると、法務局に提出する書類作成や登記などといった仕事の内容が、他人をサポートすることが好きな私の性格にピッタリだと感じたのです。

また、法律の勉強は好きでしたので、大学を卒業しても法律にかかわる仕事がしたいと思っていました。そんな私にとって司法書士という進路はまさにうってつけだと感じました。

さっそくパンフレットをいくつも比較して、いちばん受講料の安かった某予備校に申し込みました。

私が受講したのは「15カ月合格コース」というもので、翌年7月の司法書士試験への合格を目指すカリキュラムです。

こうして、私の司法書士試験「長期受験生」の道のりはスタートしたのです。


司法書士試験の筆記試験の科目は全部で11科目にわたります（2022年現在）。主要4科目の民法、不動産登記法、会社法・商法、商業登記法。それに加えてマイナー7科目の憲法、刑法、民事訴訟法、民事執行法、民事保全法、供託法、司法書士法。

これら11科目すべてを網羅して理解と記憶をする必要があり、膨大な勉強量が必要なのが司法書士試験なのです。当時は合格率が3パーセント台という超難関試験でした。

私が受講した「15カ月合格コース」では、まず第1段階で主要4科目を一通り学び、次に第2段階で主要4科目のさらに高いレベルの内容と、マイナー科目を一通り学び、なおかつ択一式と記述式についてもセットで学習するという、充実したカリキュラムでした。

さて勉強をはじめたはいいものの、まだ大学3年生だった私は不真面目な受験生でした。予備校の授業にはかろうじて出席していましたが、講義についていくのがやっとという状態だったのです。

そうこうしているうちに大学4年になりました。司法書士試験一本に絞るハラが決まっていなかった私は、就職活動と試験勉強を並行してやっていました。

ところがそのころ日本はいわゆる超氷河期の真っただ中。大手企業でも採用をぐっと絞っていた状態で、私も何社か受けてみたものの内定をもらうことができません。

そして案の定、その年の7月に初受験した司法書士試験も見事に不合格。

「これではいけない!」と、大学卒業して翌年の試験までは就職活動もせず、受験勉強に専念しました。ところが2回目の試験では、予想もしないくらいの超難問が頻出し、これまた不合格となってしまいました。

さすがに「そろそろ働かないとまずいな……」と思うようになり、せっかくなら実務経験を積もうと、補助者として働かせてもらえる司法書士事務所を探しました。

ところが最初に勤めた事務所はあまりにも仕事が忙しく、勉強時間がほとんど確保できなかったため、わずか7カ月ほどで退所しました。

仕事を辞めてから、これまでの遅れを取り戻そうと必死で勉強しましたが、やはり3回目の受験でも不合格になってしまったのです。

私は再び、補助者として働ける司法書士事務所を探しました。そうして見つけた次の事務所は、住んでいた家からも近く、仕事がないときは受験勉強をさせてくれるという、非常にありがたい配慮をしてくれました。

司法書士には、法務局に不動産登記を提出するという業務があります。今でこそオンライン登記が普及しましたが、当時は法務局まで直接足を運んで提出しなければなりません。そうした仕事中の移動時間も受験勉強にあてることができました。

合格するまでの約3年間、その事務所にはお世話になりました。今振り返っても、このような恵まれた環境で働きながら勉強できた幸運も、私を合格に押し上げてくれた大きな力だったと思います。

そして2004年、6回目の受験にして、私はようやく司法書士試験に合格することができたのでした。

ビジネスにも役に立つ逆算メソッド

ゴールから現在地を見るという「逆算メソッド勉強法」の考え方は、資格試験の勉強だけでなく、ビジネスでも大いに役立ちます。

例えば、あなたが大きなプロジェクトの責任者を任されたとします。プロジェクトの立ち上げ時には、次のような点を明確にしなければいけません。

・プロジェクトの目的はなんなのか
・期限はいつまでなのか
・どのくらいのリソース（予算、人員、設備など）を使えるのか
・どういった条件を満たせば成功といえるのか

こうした条件を明確にしたうえで、スタートをします。

プロジェクトに関連した情報を集め、市場を調査します。必要な人員や予算を確保するために、上司や会社に具体的な要望を出して説得しなければいけません。そのためにプレゼンテーションが必要なら、資料作成の作業も出てきます。

人員が確保できたら、それぞれのメンバーにタスクを振り分けます。タスクを振り分けるためには、リーダーであるあなたが、ゴールまでに必要なタスクをすべて洗い出し、時間軸に配置して、「今月はなにをやるべきか」「そのうえで来月はなにをする予定なのか」という計画を立てる必要もあります。

もちろんすべてが計画通り進むプロジェクトなどありません。予想外の出来事があったり、当初の見通しが甘かったりすることもあるでしょう。

週単位や月単位で、進捗をチェックするタイミングを設けます。

そして予定通りに進んでいない分野があるならばその原因を探り、人員を増やしたり、計画を修正するなどの対策を講じていきます。

逆に、進みすぎているような分野があるのならば、そちらのリソースを減らして遅れている分野に割り振る、といった全体でのバランスを調整することもあるでしょう。

こうしたこともすべて、プロジェクトの決着点から逆算して考えることが鉄則です。現状をベースに行き当たりばったりに成果を積み上げていけば、いつかはプロジェクトの成功に到達するなどということはあり得ないのです。

これら一連のプロジェクトマネジメントは、「逆算メソッド勉強法」の考え方と一致します。

合格というゴールから逆算して、どれだけの時間が使えるのか、現在の進捗状況はどの程度なのか、そこから導き出せる対策は……。

資格試験の勉強を通じて、ビジネスで必要な能力も養うことができるのです。

まさに「逆算メソッド勉強法」の考え方はビジネスにも大いに役に立つのです。

今日という日は、残りの人生であなたがいちばん若い日です。

決断したときこそが、なにかをはじめる絶好のチャンスです。

「人生100年時代」です。スタートするのに遅すぎることはありません。

少しでも資格取得に興味があるならば、今から勉強をはじめてみませんか。

この本では、「どのように勉強していけば効率よく短期合格ができるのか」「そのために必要な考え方はなんなのか」をお伝えしていきます。

私が6年間という長期受験でようやく得ることができたエッセンスを、本書を読めばたった3時間でゲットできるのです。これほどお得なことはありません。

ぜひ本書を活用して短期合格してください。

逆算してこそ有効な「ステップアップ勉強法」

第1章

より簡単な資格はゴールまでのマイルストーン

ステップアップ勉強法は、まったく資格試験の勉強をしたことがなく、これから勉強をスタートする人向けの方法です。

具体的な勉強方法というよりは、ゴールをどこに設定していくかという、計画立案で大事な考え方となるでしょう。

ステップアップ勉強法とは、自分が最終的に合格を目指す資格試験よりも前に、試験科目が共通する、より簡単な試験を受けて合格し、自信をつけて本命への勉強に臨んでいくというメソッドです。

逆算メソッド勉強法の基本的な考え方は、合格というゴールから逆算して、今なにを勉強すべきかを決めていく勉強法です。それに対してステップアップ勉強法は、まずは簡単な試験から挑戦して土台作りからしっかり進めていくという方法ですから、一見、アプローチが逆に思えるかもしれません。

しかし、山登りの経験もない初心者が、いきなり富士山やエベレストなどに挑戦するのが無謀であるのと同様に、それまで勉強習慣がない人がいきなり難関資格を目指しても、多くの場合は途中で挫折してしまうのです。

余談ですが、私も数年前に富士山（3776メートル）に初登頂しました。その前にまず高尾山（599メートル）に登り、自分の足を登山靴に慣らしておいたおかげで、本命の富士山へのチャレンジがスムーズにいったことを覚えています。

資格試験という「山」に登るのも同じです。

難関資格であれば、1年から2年、そして数年単位の受験期間になることも珍しくありません。

その間、一直線に合格へ向けての最短ルートを走り切れる人はごくわずかです。

多くの受験生は「このまま勉強していても大丈夫なのかな？」と不安に駆られる時期を経験するものです。

そんなときに、最終合格というゴールまでのマイルストーン（標石）として、簡単な資格試験を使うのです。

英検や簿記検定など「級」が設けられているタイプの資格で考えるとわかりやすいかもしれません。

簿記の未経験者が、いきなり難関の簿記1級合格を目指すのは、非現実的です。最終目標は簿記1級合格だとしても、そこから逆算して、中間目標であるマイルストーンを設置するのです。

・来年夏には簿記1級に合格したい（最終目標）
・そのために、まず今年の夏に簿記3級を受験しよう（中間目標①）
・簿記3級に合格したら、次に今年の秋は簿記2級を受験しよう（中間目標②）

このように、一段ずつステップアップしながら勉強を進めていくのです。

マイルストーンである簡単な試験でも、合格できると自信がつきますし、自分の勉強方法を確立できる効果もあります。その意味で、ステップアップ勉強法は逆算メソッド勉強法の根幹をなしているのです。

忙しい社会人におすすめのステップアップ勉強法

中学や高校、あるいは大学受験以来、しばらく試験勉強から遠ざかっているという人が、資格試験受験を機に、久しぶりに本格的な勉強をはじめるという場合もあるでしょう。

そんな人にも、ステップアップ勉強法がおすすめです。

過去の受験勉強で、自分なりの勉強方法を確立して難関校に合格したという人もいるでしょう。しかし、資格試験と入学試験とは共通する部分もありますが、異なる部分も結構あるのです。

資格試験と入学試験の共通部分は、「過去問をしっかり勉強する」「満点ではなく合格点を目指す」といった試験対策の有効性が挙げられるでしょう。

一方、異なる部分としては、特に難関資格であればあるほどその後の仕事にも直結してきますから、大げさではなく人生を左右する試験になります。

人生をかけて挑戦しているので、緊張感やプレッシャーという意味では資格試験の方が高くなります。

また、親元で受験勉強だけに専念できた時期と違い、自分自身の生活と勉強とのバランスも取る必要があります。経済的な問題、仕事や家庭との両立など、生活全般を見据えた戦略を練らないと、資格試験の合格は遠のいてしまうのです。

その意味からも、社会人など、忙しくて受験勉強だけに専念できない人にとって、ステップアップ勉強法はぜひ実践してほしい方法といえます。

ステップアップ勉強法で大事なことは、簡単な資格試験からはじめ、勉強方法にも慣れていきながら、難関資格試験を目指していくことです。

最終的には目標とする難関試験を見据えて勉強していくことに変わりありません。後述しますが、最終目的である難関試験と、中間目的である難易度の低い資格試験で、共通の試験科目が入っていることがポイントです。まったく違う二つや三つの分野を並行して勉強するのではありません。

そして、難易度の低い資格試験であっても、合格することでひとつの資格が得られることに変わりありません。

先に挙げた簿記の例でいえば、簿記1級合格が最終目標だとしても、中間目標である簿記3級や2級に合格すれば、その時点で履歴書に書ける資格が増えるわけです。

日々忙しく、少しでも油断すれば受験勉強から離れてしまいがちな社会人にとって、

「目に見える形で資格を取得できた」ということは、なによりのモチベーションになるのです。自分の勉強法が間違っていなかったという自信にもなります。

さらに自分自身のモチベーションだけでなく、実際に社会で使える実力がついたとして評価されます。仮に簿記であれば、3級はまだしも、2級までもっていれば「一般的なレベルで簿記のことはわかっている」と評価されて、就職や転職の際にはアピールできるからです。

資格試験の勉強にはある程度の時間(ときにはお金)を投資する必要があります。投資したからには、なんらかのリターンを得なければ無駄になってしまいます。たとえ中間目標の資格であっても、投資に対する一定のリターンを得ておく、つまり利益確定をしておくことで、自分自身や周囲も納得しながら勉強を続けていけるでしょう。

各種資格試験の合格に要する勉強時間

それでは、資格試験の難易度を確認する意味で、メジャーな資格の合格に要する勉強時間を記しておきます。
一概に勉強時間が多い試験の方が難しいとも言い切れませんし、難関資格でも短期合格する人はいます。あくまでも受験計画を立てる際の参考にするという意味でとらえてください。

【法律系】

・司法試験：3000〜8000時間（予備試験も含む）
・司法書士：3000時間
・弁理士：2000〜3000時間
・社会保険労務士：500〜1000時間
・行政書士：500〜1000時間

【会計系】

・公認会計士：3000〜4000時間
・税理士：3000時間（平均勉強期間4〜5年）
・米国公認会計士：1000時間
・日商簿記1級：500〜1000時間

・日商簿記2級：250〜350時間
・日商簿記3級：100時間

【ビジネス・マネー系】
・中小企業診断士：800〜1000時間
・FP（ファイナンシャルプランナー）技能士1級：450〜600時間
・FP（ファイナンシャルプランナー）技能士2級：150〜300時間
・FP（ファイナンシャルプランナー）技能士3級：80〜150時間

【不動産系】
・不動産鑑定士：2000〜5000時間
・宅地建物取引士（宅建士）：200〜500時間
・マンション管理士：400〜600時間

【英語系】
・TOEIC（400点から700点台を目指す場合）：700時間
・TOEIC（600点から700点台を目指す場合）：225時間
・TOEIC（100点アップを目指す場合）：200〜300時間
・英検1級（英検3級保持者が目指す場合）：1160時間

※各種資格試験予備校や通信講座の資料などを参考に著者が算出

合格までに要する勉強時間などを参考にして、ステップアップ勉強法の計画を立てていきましょう。

共通科目のある資格を狙う　その1【法律系】

まずは法律系の資格について、どのようにステップアップ勉強法を活用すればよいのかを考えてみます。

法律系資格の中でも、司法試験、司法書士試験、行政書士試験は、試験範囲で共通の科目が比較的多く、ステップアップ勉強法にあてはめやすいといえるでしょう。

各試験の筆記試験における試験科目は次のようになっています。

・司法試験：憲法、行政法、民法、商法、民事訴訟法、刑法、刑事訴訟法、

選択科目（倒産法、租税法、経済法、知的財産法、労働法、環境法、国際関係法公法系、国際関係法私法系の8つから1つ選択）

・司法書士試験：民法、不動産登記法、商法（会社法）、商業登記法、憲法、刑法、民事訴訟法、民事執行法、民事保全法、供託法、司法書士法

・行政書士試験：基礎法学、憲法、行政法、民法、商法、一般知識（政治経済等）

このように3つの資格試験の試験科目を比較してみると、憲法・民法・商法の3科目はすべての試験に共通しています。

さらに、司法試験と行政書士試験とでは行政法も加わり、4科目も共通しているのです。共通科目が多い法律系資格は、ステップアップ勉強法に適しているといえるでしょう。

ただし、司法試験と司法書士試験はそれぞれ合格までの勉強時間が3000時間を超えるという超難関資格ですので、両方の合格を目指すというのは現実的ではありません。

考えられるのは次の2つのうち、どちらかのステップアップ勉強法です。

①行政書士試験（中間目標）→司法試験（最終目標）

②行政書士試験（中間目標）→司法書士試験（最終目標）

まず、司法試験を最終目標として、その中間目標として行政書士試験を受けるケースを

見てみます。

この2つの試験には、憲法、民法、商法、行政法という4つの共通科目があり、ステップアップ勉強法を使うには非常に相性がよく、理にかなっているといえるでしょう。

憲法には「人権」「統治」という分野がありますが、まずは行政書士試験で大まかにでも全体像を学んでいると、司法試験でより深く勉強をする際にも理解が早くなります。

司法試験の場合、本試験（短答式&論文式）を受けるためには、予備試験に合格するか、法科大学院を修了するという条件があります。予備試験は合格までに最低1年かかります。

また司法書士と行政書士は、合格後の仕事のことを考えても、非常に相性の良い組み合わせといえるでしょう。業務内容が隣接しているので、両方の資格をもっている実務家も多いのです。かくいう私も、司法書士と行政書士のダブルライセンスで開業して仕事をしています。

後の項目で詳述しますが、私の場合は先に司法書士試験を受験してから、その後で行政書士試験を受けるという順番になりました。

難しい試験勉強で得た知識を、より難易度の低い試験の合格に生かすという形になりましたので、いわば「逆ステップアップ勉強法」とでもいえるでしょうか。

なお、ここで挙げた法律系資格のなかで弁理士試験と社会保険労務士試験については、出題される範囲が専門的であり、他の資格との共通科目はありません。

これら2つの資格を目指すなら、それぞれの合格という最終目標にストレートに突き進んだ方がよいでしょう。

注意してほしいのは、たとえ共通科目でも、行政書士試験と司法書士試験、あるいは司法試験とでは、難易度や出題範囲が異なるということです。同じ憲法でも、行政書士試験と司法書士試験は択一式試験ですが、司法試験は論文式試験があるなど、出題形式も変わります。

「行政書士試験で憲法は一通り勉強したから、司法試験の憲法は勉強しなくても大丈夫」などということは決してありません。あくまでも入口部分の知識があるというだけのことですから、勘違いはしないようにしてください。

共通科目であっても、司法試験は司法試験用に、司法書士試験は司法書士試験用に、さらにカスタマイズした勉強が必要になります。それは難易度からいっても仕方のないことです。

中間目標である行政書士試験の勉強をしている段階から、最終目標の司法試験や司法書士試験をイメージして、自分でより深いレベルでの理解を目指すという姿勢が、短期合格につながるのです。

共通科目のある資格を狙う　その2【会計系】

続いて、会計系資格におけるステップアップ勉強法の考え方についてみていきましょう。各試験における試験科目は次のようになっています。

・公認会計士：短答式（財務会計論、管理会計論、監査論、企業法）
　論文式（会計学、監査論、租税法、企業法、
　選択科目1科目選択〈経営学、経済学、民法、統計学〉）
・税理士：会計学（簿記論、財務諸表論）、税法3科目選択（所得税法、法人税法、相続税法、消費税法、酒税法、国税徴収法、住民税、事業税、固定資産税）
・米国公認会計士：FAR（財務会計）、BEC（企業経営環境・経営概念）、
　REG（諸法規）、AUD（監査および諸手続）
・日商簿記1級：商業簿記、会計学、工業簿記、原価計算

・日商簿記2級：商業簿記、工業簿記
・日商簿記3級：商業簿記

ここに列挙した会計系資格のうち、米国公認会計士は日本国内で行われる資格試験ではありませんし、試験科目もやや特殊ですので、本項で説明するステップアップ勉強法からはいったん外して考えます。

その他の会計系資格である公認会計士、税理士、簿記1級、簿記2級、簿記3級は共通科目が多いだけでなく、きわめて親和性が高い勉強分野ですので、ステップアップ勉強法には最適だといえます。

実際、会計系資格の最高峰でもある税理士試験の受験資格のひとつに「日商簿記1級合格者」があるほどであり、「簿記1級は公認会計士試験や税理士試験の登竜門」と位置づけられている面もあります。

そのため、会計系資格のステップアップ勉強法の進め方としては、次の3つがあります。

①簿記3級→簿記2級→簿記1級（以上が中間目標）→公認会計士（最終目標）
②簿記3級→簿記2級→簿記1級（以上が中間目標）→税理士（最終目標）
③簿記3級→簿記2級→簿記1級（以上のいずれかを最終目標とする）

法律系資格の司法試験の司法書士試験の場合と同様に、会計系資格の最高峰である公認会計士試験と税理士試験はいずれも超難関であり、3000時間以上の勉強時間が必要になります。

公認会計士試験と税理士試験は並行して勉強する類のものではありません。そもそも公認会計士資格があれば税理士としての登録も可能になります。

また税理士試験の特長は科目別合格制度があります。必須2科目と選択3科目の合計5科目を合格すれば最終合格となりますが、一度合格した科目は翌年以降も維持されるので、何年もかけて最終合格を目指すことができる試験です。そのため社会人の受験生も多いという特色があります。

いずれにしても、最終目標を公認会計士にするか税理士にするかは分かれますが、簿記1級までは会計の基礎として学ぶ必要があるのです。

最終合格を目指しているのが公認会計士試験や税理士試験の場合は、日商簿記3級・2級までは早めに取得して勉強の基礎を固めることが大事です。

また、簿記1級までもっていれば大企業の経理業務をこなせる力があるとみなされ、就職や転職には非常に有利です。簿記1級を最終目標とするのも意味があることでしょう。

日商簿記検定は級ごとに難易度が変わってきますが、会計系の資格を目指す際には外せない基礎的な要素が多く含まれています。

簿記3級の扱う範囲は個人事業主の経理が中心となりますが、ここで基礎をきちんと固めておくことで、2級以降の勉強にも役立ちます。

簿記2級からは工業簿記も試験範囲に入ってきます。2級をもっていれば中小企業の経理業務もこなすことができるでしょう。

ちなみに私は、簿記3級に合格した後で少し時間が空いてから2級の試験を受けました。基礎的な部分を復習するために、あえて3級のテキストから学び直したことで、結果的には2級にも合格できました。

共通科目のある資格を狙う　その3
【ビジネス・マネー系&不動産系】

その他、ビジネス・マネー系資格や不動産系資格についても、ステップアップ勉強法の考え方は有効です。資格によっては、先に挙げた法律系や会計系の資格とも勉強範囲が重なるところもあるのです。

わかりやすいのはファイナンシャルプランナー（ＦＰ）の試験です。

ＦＰの資格には、国家資格のＦＰ技能士1～3級と、日本ＦＰ協会が認定するＡＦＰ資格とＣＦＰ資格があります。ここではＦＰ技能士を例にして説明します。

ＦＰ技能士は原則的に3級を合格しなければ2級を受験できません（一定条件を満たせば2級から受験できる場合もあります）。

そのため、実務経験などのない一般の人が受験する場合、ステップアップ勉強法に基づいて、ＦＰ3級→ＦＰ2級→ＦＰ1級という順番で臨むべき試験になっているのです。

ＦＰ3級の基礎知識は2級の勉強にも生きてきます。そして、2級の知識がある前提で、最高位の1級ではさらに細かい知識を問われるのです。

最終目標をＦＰ1級合格に定めている人も、まずは焦らずにステップアップ勉強法によって3級から基礎を固めて攻略していくことが、実は1級合格への近道になるのです。

また、ＦＰの試験科目は、「ライフプランニングと資金計画」「リスク管理」などといった6分野から出題されます。

試験科目の一つに「不動産」があります。そのため、ＦＰ技能士に合格後、不動産系資格である宅建士試験に挑戦する方も多いようです。

複数の資格を取得することで、将来的に対応できる仕事の幅を増やそうと考えているのでしょう。


ビジネスマンに人気の資格として、中小企業診断士があります。

筆記試験の範囲は7科目と多岐にわたるのですが、そのうちのひとつに「財務・会計」という科目があります。

簿記2級もしくは1級まで勉強し、会計の基礎を学んでから中小企業診断士に挑戦する、というステップアップ勉強法のルートもあるのです。

中小企業診断士の実務では、中小企業の経営状態を正確に把握し、経営改善のアドバイスをすることが求められます。会計の知識がなければ経営状態を把握することはできませんから、実務の上からも簿記を取得していることは有効になるのです。


不動産系資格の登竜門といわれるのが宅地建物取引士（宅建士）試験です。

宅建士試験を足掛かりに、他の資格へとステップアップしていく方もたくさんいます。

宅建士試験の試験科目は、「宅建業法」「権利関係」「法令上の制限」「税・その他」の大きく4つの分野から出題されます。

このうち「権利関係」は、その大部分が民法の分野です。そのため宅建士試験でも民法の基礎を学ぶことになるのです。

宅建士試験で民法の基礎に触れたのち、法律系資格の行政書士試験や司法書士試験の勉強へとステップアップしていくというルートもあるのです。

また、宅建士から、不動産系資格の最高峰である不動産鑑定士へとステップアップしていくことも考えられます。

不動産鑑定士の試験科目は、「不動産に関する行政法規」「不動産の鑑定評価に関する理論」「民法」「経済学」「会計学」という分野になります。

宅建士試験で不動産に関する法律の基礎に触れたのち、不動産鑑定士試験を目指すという人もいるでしょう。

いずれにしても、宅建士試験で学ぶ分野は比較的広く、難関資格と共通する部分があることは覚えておいて損はありません。

難易度の低い試験で「勉強軸」を確立

「共通科目のある資格を狙う」の項目で説明してきたように、基礎的な知識が得られてステップアップ勉強法の入口としておすすめの資格は次のようなものになるでしょう。

- 法律系資格：行政書士試験
- 会計系資格：日商簿記検定3級もしくは2級（ビジネス・マネー系資格にも応用可能）
- 不動産系資格：宅建士試験（民法を学ぶので法律系資格にも応用可能）

「資格試験の勉強をはじめたいけれど、どんな資格を学ぶといいのかな？」

このように迷っている人は、ここに挙げた3つの資格からステップアップ勉強法ではじめていくのがおすすめです。

いきなり難関資格試験の勉強をはじめると、多くの人は挫折します。

私が通っていた司法書士試験予備校の基礎講座は4月開講でしたが、翌5月からすでに授業に出席しなくなってしまった人が散見されました。

資格試験予備校のパンフレットやホームページには「知識ゼロからでも大丈夫」などとアピールされていますが、実際のところ、知識ゼロから難関資格の勉強をはじめて、続けていくということは思った以上に大変ですし、モチベーションが下がってくるのも仕方ありません。

特に難関資格試験の授業は、前の授業を理解した前提でどんどん進んでいくので、勉強法を自分なりに確立できていないと授業のスピードについていけなくなってしまいます。

通信講座だとこれが顕著です。勉強を開始したときは「頑張っていこう」というモチベーションが高いのですが、日々の生活が忙しくて教材をこなしきれず、徐々にカリキュラムにもついていけなくなり、周囲に励まし合う仲間もいないために挫折してしまう、というパターンがあるのです。

そこで、難易度の低い資格試験の勉強から、自分なりの勉強方法や勉強のリズムを確立させていくのです。

中間目標の資格でも、なにか一つ合格できたという実績があれば、自分の自信にもつながります。勉強方法や勉強リズムもできてきて、受験勉強を継続しやすくなるでしょう。

資格試験で挫折してしまう人は、わからない問題が出てきたときに、「本当に自分はこの資格試験に向いているのか」と不安になり、自信やモチベーションを失ってしまうのです。

長期受験生でも、内心では自信を失っており、疑心暗鬼になってさまざまな教材に手を出して、結果として基礎がおろそかになり実力が伸びないという人がいます。

いきなり難しい資格試験の勉強をはじめると、多くの人が不安から迷走しがちです。難易度の低い資格試験に合格して自信をつけ、自分のなかでの勉強軸をしっかりと確立した方が、長い目で見れば効率的なのです。

「木を見て森を見ず」にはなるな！

難関資格試験の場合、それぞれの科目で基礎的な知識を取得している前提で、応用問題が出題されます。どれも生半可な知識だけでは受かりません。

よく資格試験予備校が、「今年の試験で出そうな判例を予想する！」といった形でのアピールをすることがあります。

もちろん予備校もプロですから、過去問の分析や近年の出題傾向などを踏まえて予想しているでしょうから、まったく無意味なことはありません。

しかし受験生の側にその科目の基礎的な知識というベースがないまま、丸暗記で対応しようとしても、質・量ともにとうてい不可能です。また他の分野の勉強にも影響が出てきてしまうでしょう。

そのため、どんな分野でも基礎的な勉強をしっかりやることが、その後の実力の伸びに直結してきます。これは勉強もスポーツも同じなのです。


難関資格になるほど基礎が非常に大事です。私も多くの資格試験受験生を見てきましたが、短期合格者ほど基礎をしっかり身につけています。

しかし、多くの受験生は基礎的な「森」の部分を軽視して、細かい「木」を見てしまい、さらに枝葉の部分を気にしてしまいます。

受験カリキュラム的には、基礎となる「森」は最初の全体構造の講義で学び、その後はどんどん応用に入っていくので、受験勉強が進むにつれて基礎を忘れてしまうというパターンにハマっているのです。

長期受験生になればなるほど、重箱の隅を楊枝でほじくるような細かい知識や、試験のテクニカル的な部分にばかり詳しくなってしまい、肝心の基礎をおろそかにしてしまいがちです。試験オタクのようになってしまうと、かえって実力は伸びません。

難易度の低い資格試験の場合、受験生のレベルに合わせて、カリキュラムや教材もわかりやすく説明してあることがほとんどです。

実際の試験で出題されるのも、ひねった出題で受験生を引っ掛けたりする問題は少なく、基礎的な知識を問う問題が多くなります。

難易度の低い試験で「森」の部分をしっかり勉強できることになり、これが後々まで自分の実力となっていきますので、結果的に難関資格試験にも効果があるのです。

例えば多くの資格試験の試験科目に含まれている分野に「民法」があります。

宅建士試験や行政書士試験からステップアップ勉強法をはじめた人は、これらの試験で民法の基礎を学ぶことになります。

その後で司法試験の勉強をはじめるとしましょう。司法試験の「民法総則」は民法の基礎的な部分になりますが、宅建士試験や行政書士試験で学んだベースがあれば、スタートの部分はすんなりと入っていけるはずです。

もちろん司法試験のような難関になれば、その後に勉強する内容は深いものになっていきますし、角度も違ってきます。

「同じ民法でも、司法試験ではこういう視点から学ぶのか」と、新鮮な感動を覚えられることでしょう。脳への刺激が記憶への定着にもつながります。それも最初に難易度の低い資格試験で「森」の部分をおさえているからこそなのです。勉強が進んでいくにつれて、基礎である「森」の部分は生かしながらも、それぞれの資格試験の特色に合わせて応用である「木」の部分を学んでいくのです。

ただし、場合によっては、先に学んだ勉強内容が余計な知識となって理解を邪魔することもあります。

難易度の低い資格試験で基礎を学んでおけば、難関資格試験でも基礎部分の理解が早くなる、ということが大切なポイントです。

決して難関資格試験の基礎部分を勉強しなくていいということではありませんのでご注意ください。

難関資格試験であればあるほど基礎力と土台作りが非常に大事で、長期受験生と短期合格者とで差が出るところは、この基礎的な部分になります。

しかし基礎的な知識の勉強は面白くないので、多くの受験生が軽視しがちなのも事実です。知的刺激を自分に与え続け、基礎の勉強をおろそかにしないという意味でも、難易度の低い資格試験に合格するのは遠回りなようで実は近道になるのです。

中間目標で取得した資格を仕事に活用

ステップアップ勉強法が忙しい社会人におすすめなのは、仮に最終目標の難関資格に合格できなかった場合でも、中間目標として取得した資格が、就職や転職、あるいはビジネスに十分活用できるからです。

例えば最終目標の資格が司法試験や司法書士試験の人が、手始めに宅建士試験を受けてみて、合格したとしましょう。

宅建士は不動産取引のプロフェッショナル資格です。不動産取引を行う企業は、従業員5人につき1人以上の宅建士の設置が義務づけられています。

ということは、宅建士の資格をもっているだけで、不動産業界への就職や転職が非常に有利になるのです。

同じように、司法試験や司法書士試験を最終目標にしている人が、中間目標として行政書士試験を受験して合格した場合はどうでしょうか。

そもそも行政書士の資格は近年、難易度も上がっています。行政書士の仕事は、企業や個人に代わって官公庁に提出する書類の作成や申請を行うもので、非常に多岐にわたります。

独立開業する有資格者も多く、行政書士そのものが、十分にビジネスとして成立する可能性がある資格なのです。

会計系資格で、公認会計士試験や税理士試験を最終目標にしていた人が、中間目標の簿記1級まで取得したところで、さまざまな理由から受験を断念したとしましょう。

それでも簿記1級を取得していれば、大企業の経理実務も扱えますから、就職や転職には非常に有利になるのです。投資したぶんの時間や労力は、すぐに取り返せるほどのアピール力があります。

その他、難関資格合格という大きな目標を掲げて、ステップアップ勉強法で進んでいるうちに、中間目標として勉強していた分野に興味が出てくることもあるでしょう。その場合は中間目標の分野を極めていけばよいのです。

社会人は、学生と違い、自分の生活を成り立たせていかなければならない制約があります。さらに、結婚や出産、あるいは転勤や親の介護など、生活環境が一変することもあります。

最終目標の難関資格を受験する前に、勉強自体を続けられなくなることもあるはずです。たとえ司法試験には合格できなかったとしても、ステップアップ勉強法によってその過程で行政書士や宅建士の資格を取得しておけば、自身のキャリアアップにもなります。

これが「5年間司法試験の勉強だけをしていました」といっても、たしかに法律の知識は増えたかもしれませんが、現実にビジネスとしては応用できませんので、そのままではせっかくの勉強が無駄になってしまう可能性もあります。

特に独占業務がある資格の場合は、資格をもっていない人がその業務を行うことが法律で禁じられています。たとえ知識があっても、資格がなければ、仕事としてその知識を生かすことができません。ライバルと差別化することもできないのです。

こうした点からも、まったく知識ゼロの方が勉強をはじめるのであれば、ステップアップ勉強法はリスクも少ないうえに効率よく勉強できる、おすすめの方法なのです。

【コラム】

長期受験生きりじゅんのステップアップ勉強法

本書では、これから各章の最後に「長期受験生きりじゅんの勉強法」と題して、私自身の受験体験も綴っていきます。

参考になるところもあれば、反面教師になるところもあるかもしれません。

司法書士試験の合格まで6年かかった「長期受験生きりじゅん」の受験体験から、なにか有益な情報を受け取ってもらえれば嬉しいです。

私のステップアップ勉強法は、司法書士試験と行政書士試験で行いました。

先にも少し触れましたが、「行政書士試験に合格してから、難関である司法書士試験を目指す」という一般的なステップアップ勉強法とは異なります。

「初っ端《しょっぱな》から言ってることが違うじゃないか！」と怒らないでください。

実はこの順番には、私なりの理由があったのです。

私の場合は司法書士試験の合間に行政書士試験を受けていて、同じ年に合格しました。司法書士試験には2004年11月に合格、行政書士試験は2005年1月合格（2004年受験）という形です。

ステップアップ勉強法を、私は受験勉強のモチベーション維持という意味で活用していました。

当時は司法書士試験は7月、行政書士試験は11月に実施されていました。

難関の司法書士試験は受験に要する気力や体力も半端ではありません。そのため、7月の試験が終わると心身ともにグッタリしてしまい、すぐに勉強を再開することが難しかったのです。

そんな私にとって、司法書士試験の4カ月後にある行政書士試験は、勉強のモチベーションを維持するために、ちょうどよい存在でした。

行政書士試験の方が難易度も低いので、司法書士試験直後で疲れていても勉強を継続するハードルは低くて済みます。

また、司法書士試験の合格に必要な択一式の基準点（いわゆる足切り点）は例年8月に公表されます。

その結果を見て、自分の状況が厳しければすぐに司法書士試験の勉強を再開し、合格できていそうであれば行政書士の勉強をするなど、本命である司法書士試験の結果次第で受験戦略を考えることもできました。

勉強のモチベーション維持と、受験結果に応じて戦略を変えられるという点で、司法書士試験受験の後に行政書士試験の勉強をするのは、私にとって「一石二鳥」だったのです。

そう考えて、司法書士試験の合間に行政書士試験も何度か受けていました。結局、両方の試験を同じ年に合格したので、基礎的な知識を含めた実力が着実にアップしていったということなのでしょう。

司法書士試験と行政書士試験は試験範囲の約4割が共通していますので、行政書士試験独自の出題範囲である行政法などを中心に効率よく勉強すれば、いずれ合格点を取れるだろうとの見込みもありました。

それに、行政書士の資格は単体でも仕事につながります。現に私も、今は司法書士と行政書士のダブルライセンスで仕事をしています。ステップアップ勉強法によって取得した資格が、その後の仕事にも活用できており、非常に効果があったと実感しているのです。

第2章

インプットとアウトプットの「反復勉強法」

「インプット3：アウトプット7」を意識せよ

第2章では、逆算メソッド勉強法の根幹でもある「反復勉強法」について説明していきます。

資格試験でいちばん大事なのは「インプット」と「アウトプット」のバランスを意識して勉強することです。

もっと単純にいえば、資格試験については次のような鉄則があるのです。

- **短期合格者は「アウトプット」に力を入れている**
- **長期受験生は「インプット」に力を入れている**

逆算メソッド勉強法の基本的な考え方は、「ゴール（合格）から逆算して必要なことをやる」というものです。

資格試験のゴールは合格です。そのためには、試験本番で答案用紙に合格点以上の解答を書かなければいけません。

解答というアウトプットがあってはじめて意味があるのです。そのアウトプットがなければ、どれだけ大量のインプットをしたとしてもムダになってしまいます。これが資格試験の厳しいところです。

長期受験生ほど、「知識が多ければ合格できる」と錯覚してしまい、インプットを意識して勉強する傾向にあります。

すると、答案練習会（答練）ではいい結果を出せたとしても、本試験では当たり前の解答が出てこなかったりして、かえって点数が伸びない結果になってしまうのです。

私もそうした経験がありました。

しかし、合格できたときは「試験本番で自分の勉強してきた内容を、答案でいかに表現できるか」という意識に変わっていったのです。つまりアウトプット重視の勉強法です。

試験本番で、頭の中から取り出すことのできる勉強内容の量はさほど多くありません。人生をかけて臨む難関資格であれば、試験会場での緊張感も高まりますから、実際にアウトプットできる量は自分が想像するよりはるかに少ないと思った方がいいのです。

試験本番から逆算して考えるならば、各科目の知識を増やすだけではなく、解答をアウトプットする能力を高めることが大切なのです。

アウトプットを意識して普段から勉強することで、その力を身につけていくことができるのです。

私も自分が合格してから、「短期合格者はアウトプットを重視しているから効率よく合格できる、長期受験生はインプットを重視するので知識は増えるがなかなか合格できない」という実感を得ました。

その実感が確信に変わったのは、精神科医の樺沢紫苑先生が書いたベストセラー『学びを結果に変える　アウトプット大全』(サンクチュアリ出版)を読んだときです。

本の中で樺沢先生もアウトプットの重要性を説かれ、「インプットとアウトプットの比率は3：7が理想」と述べられていました。

資格試験においても「インプット3：アウトプット7」という比率を意識して勉強すれば、効率よく合格にたどり着けることでしょう。

情報は一冊のテキストに一元化

私は受験生時代、最初の頃はたくさんの基本書や参考書を読んで、大量のインプットをすることに気をとられていました。

ところがあるとき、次のような鉄則に気がついて、そこから勉強スタイルを変えたのです。

・短期合格者は（科目ごとに）一冊のテキストに情報を集約させる
・長期受験生はテキストの絞り込みができず大量の資料と格闘してムダな労力を使う

きっかけになったのは、ある予備校の自習室で見た光景でした。

おそらく司法試験の勉強をしていた人だと思うのですが、その人の机には大量の基本書や参考書などの資料が積み上げてあったのです。

「あれだけの量を覚えなければいけないなんて、やっぱり司法試験は大変だな～」

そんなことをぼんやりと思いその場を離れました。

しかし後からよく考えてみると、

「そもそも、あれほどたくさんの量を覚えるのは不可能ではないか？　もっと効率よく勉強しなければ時間がいくらあっても足りないのでは？」

という気持ちになりました。

というのも、短期合格者たちを見ていると、そこまでたくさんの資料を持ち運んでいる人は少なかったからです。

実際に、司法書士試験の短期合格者の方とお会いして直接お話を聞き、その方が使っているテキストを見せてもらったことがありました。

その方は、基本となるテキストに、授業内容や自分で気がついたことのメモなどをどんどん書き加えて、科目に関するあらゆる情報をその一冊に集約していたのです。

テキストの余白にはぎっしりと書き込みがありました。それでもスペースが足りなくなれば付箋やルーズリーフなどを貼り付けているので、元のテキストの二倍くらいまで分厚く膨れ上がっているのです。

勉強するときは常にその一冊を使っているので、もうボロボロになっていました。

私はその使い込まれたテキストをみて「かっこいい！」と素直に感動し、自分でも真似することにしたのです。

それからは司法書士試験の科目ごとのテキストに、過去問情報や答案練習会で出た問題、あるいはそれ以外にも重要な情報をどんどん書き込んだり、貼り付けたりしました。

そうやって一冊に情報が集約されていくと、

「わからないことがあればこのテキストに戻ってくれば情報が載っている」

「この一冊に入っていない情報はさほど重要ではない」

このような感覚になってきて、大量の情報が整理されて頭の中に入りやすくなっていったのです。

さらに自分製の分厚いテキストの存在は、「自分が今までこれだけ勉強してきた」という証でもあり、愛着心が湧いて自信もつきました。いわばお守りのような効果もあったのです。

あまりにも分厚くなったので、私は同じテキストを再度購入しました。

そして使い込んだ一冊はあらゆる情報を盛り込んだ辞書的な使い方をして、もう一冊は綺麗なままにして「このページにこういうことを書いていたな」などと、知識の思い出しや定着のための繰り返し学習に使用しました。

テキスト代が倍かかりましたが、短期合格したければそのくらいの費用はケチってはいけません。

「教科書や参考書はきれいなまま使いたい」

こういった気持ちは捨てましょう。ガシガシと書き込んで汚くして、骨までしゃぶりつくす勢いでその一冊を自分の血肉にするのです。

特に社会人は、常に何冊ものテキストを持ち運ぶこともできませんし、効率よく勉強しなければ時間が足りません。

自分だけのオリジナルテキストであり、また辞書にもなる。そんな一冊を反復して勉強することで、合格に必要な情報を自然と取捨選択できるのです。

一冊のテキストに情報を一元化することが、短期合格への道だと覚えておきましょう。

絞るからこそ重要なテキスト選びのポイント

一冊のテキストに情報を集約させて、その一冊を反復学習するのが、合格に直結する効率の良い勉強法です。

それでは、大事になる「一冊」のテキストは、どうやって選べばいいのでしょうか？

各種の資格試験の勉強に、独学ではじめて挑戦する人は、まずはネット検索などで下調べして、いわゆる「定番」の、世間的に定評のあるテキストを使ってみることをおすすめします。

試験ごとに、定番のテキストはたいてい3~4冊程度に絞られるはずです。あとは書店に行って、実際に手に取ってページをめくってみて、感覚的に自分と相性が合うかどうかを基準に選んでください。

定番と呼ばれるテキストであれば、実は内容はそれほど変わりません。ただ、ページのレイアウトやデザインの見やすさ、カラーページの有無、本の大きさや厚さといった要素で差別化されています。

イラストが多用されているテキストは、初学者に親しみやすいように作られたものですので、勉強が進んでいくうちに内容が物足りなくなってくることもあります。そうしたテキストは最初の入口で使うだけにとどめて、試験勉強の最後まで使うことができるよう範囲が網羅されたテキストを別に用意した方がいいでしょう。

テキストはこれからの試験勉強で反復して取り組むものなので、本当に自分と相性が合うのかどうかというのを意識して決めてください。

なお、テキストとの相性は予備校選びの判断基準にもなります。予備校を選ぶにしてもテキストと自分の相性、そして充実度を注意して見てほしいのです。テキストが自分と合っていなければ、別の予備校にすることも検討した方がいいでしょう（講師との相性もありますが……）。

最近はテキストを電子化している予備校も増えています。入校する前にテキストの見本を閲覧できるところもありますので、そうした機会を利用して、自分にとって使いやすいテキストかどうかを判断してください。

電子化されたテキストは持ち運びにも便利です。大量の書籍を持ち運ぶことのできない社会人受験生にとって、書き込みを加えたオリジナルの一冊は家で使い、同じテキストの電子版を外での勉強の際に使う、といった使い分けも有効です。

選んだテキストとは心中する覚悟で

定評があるテキストを使っているのに、合格できる人と合格できない人とに分かれます。

それは、テキストとの相性の問題に加えて、勉強のやり方も大きく影響しているのです。

・短期合格者は一冊のテキストに集中する
・長期受験生はいろいろなテキストに手を出す

長期受験生はえてして、「このテキストには情報が足りない」「だから別のテキストで知識を補足しなければ」という完璧主義に陥りがちです。

そうなるとテキストが複数になり机に積み上げられる状態になります。たしかに情報量は増えますが、かえって散乱してしまい、自分の頭の中に定着しないのです。そのため、本当に試験で必要とされる基礎的な知識が曖昧になってしまう恐れがあります。

テキストを多くもっていた方が、パッと見では勉強ができるように思われがちですが、それは錯覚です。

むしろ情報の整理や絞り込みができておらず、枝葉末節の知識ばかりを追いかけてしまい、その科目の「マニア」「オタク」になってしまうのです。

定番と呼ばれるテキストを選んでいれば、合格に必要な情報量はそろっているものです。それでも仮に「情報が足りない」と思ったならば、テキストに書き込むなり、付箋を貼るなりして、一冊のテキストに情報を一元化することをまずやってみてください。

自分だけのテキストを作り上げていくという、積極的な姿勢で向き合うのです。

そうすることで繰り返し勉強することにもなりますし、自分の作ったテキストなので愛着心も湧いてきます。


短期合格者は、試験直前期も自分がこれまで勉強してきたテキストを中心に復習すればいいという「絞り込み」ができていますので、いたずらにインプットを増やして混乱することなく、「この一冊に任せる」という確信がもてるのです。


もしあなたが、あれやこれやとテキストを何冊も買い込んでしまうようなら、いったん情報を増やすことは止めて、最初に購入した定番の一冊に戻ってみてください。

その一冊のテキストと心中するくらいの思いで何度も反復学習しましょう。仮にテキストを増やすとしても、一冊目をボロボロになるまで繰り返し学んでからでも遅くはありません。


むしろ、ボロボロになるくらいまで繰り返し一冊のテキストを読み込めば、「この一冊で大丈夫」という心境になっていると思います。

本試験まで、このテキストを何度も何度もしつこく反復学習しましょう。

「何回読めばＯＫ」ということではなく、時間を見つけては何度も読み直すのです。過去問を解いたら該当箇所を読み返す。答練を受けたらまた該当箇所を読み返す。こうやって反復して読み返すことで知識が身についていくのです。

そうやって読み返すうちに、「最初に読んだとき理解できなかったことが理解できた」「単元を進めることによって最初に読み飛ばした部分が理解できるようになった」といった瞬間が何度も訪れることでしょう。

テキストを何度もしつこく反復し、目（視覚）や指（触覚）など五感を通じて接触頻度を高めることで、脳への記憶も定着するのです。

ノートは作るな！

「すべての情報を一冊のテキストに書き込んで一元化する」

このように述べると、決まって質問が来ます。

「ノートは作らなくていいんですか？」

ハッキリ申し上げておきます。

資格試験に合格するために、ノート作りは不要です。

●短期合格者はノートを作らない。すべての情報をテキストに書き込んで一元化する。
●長期受験生はノートを作りに時間を使い、それで満足してしまう。

このように言い切っても差し支えないくらいです。

まず、ノート作りはそれだけ時間と労力がかかります。時間と労力がかかった分、勉強を頑張った気になってしまい。それで満足してしまう落とし穴があります。

しかし逆算メソッドからいえば、試験本番で解答できるかどうかが勝負です。解答するために、きれいなノートは関係ありません。

これまで述べてきたように、すべての情報はテキストに書き込んで情報を一元化するのが、最も効率的です。

ノートをまとめている時間は、解答に直結しませんので、それ自体が無駄になってしまうのです。ノートをまとめている時間があれば、過去問を解くなり、テキストそのものを読み込んだ方が、解答に直結する力がつくでしょう。

仮にノートをきれいにまとめたとして、そのノートを日々の勉強で使いますか？　直前期の復習で使いますか？

すべての情報をノートに書き写すのならともかく、そうでなければ、やはり基本書などのテキストを使って勉強するはずです。そう考えると、せっかくまとめたノートもいつしか使わなくなりますし、放置される運命にあるのです。

結局、テキストを使って勉強するのですから、最初からその一冊に情報を一元化するべきなのです。

資格試験予備校の授業を見ても、熱心にノートをとっている人が見受けられます。しかし予備校の授業は進むスピードが速いので、ノートをきれいにまとめている時間がないのが現実です。

授業のときに走り書きした内容を、後でノートをまとめようなどと考えるのは、時間の無駄なのでやめましょう。ノートをまとめる時間があれば、その日に勉強した範囲の過去問を反復練習した方が、よほど力がつきます。

授業でなにかの気づきがあれば、テキストの該当ページの余白に走り書きするくらいでいいのです。

こうした話をしても、どうしてもノートをとらないと不安だという人もいます。そういう人におすすめなのは、自分の苦手な問題や、読んでいてわからない範囲が出てきたら、箇条書きでメモしておき、それをテキストと一緒に持ち歩くという方法です。

メモはテキストに挟み込んだり、貼り付けたりしてもいいでしょう。

色分けした付箋にメモして該当ページに貼っておくと、「このページは付箋が貼ってあるということは、自分の苦手な範囲だから要注意だな」とアンテナが反応し、テキストを読む際に集中力が増すのでおすすめです。

このようにあらゆる情報をテキストに一元化しておけば、過去問や答案練習会で間違えた問題を別途まとめなおす、といった作業も必要ありません。

時間のあるときにテキストを読み返せば、そのつど、苦手な範囲が目にとまるので、記憶が定着する効果もあるでしょう。

その場合も、メモを作ること自体が目的にならないように注意してください。「この問題はよく間違えるな」と気がついたときに書き留める程度で十分なのです。

資格試験受験生が目指すべきは、知識を増やすことではありません。いかに効率よく短期間で合格点を取るかなのです。その目的を忘れないようにしましょう。

必要なのは「捨てる勇気」

「テキストは一冊」「ノートは作らない」というと、「それでは情報量が少なすぎて合格できないのではないか？」という疑問をもつ方がいます。

一見もっともに思える考え方ですが、資格試験においてはむしろ逆です。

・短期合格者は「捨てる勇気」があるので情報の絞り込みができる
・長期受験生は「捨てる勇気」がないので情報の絞り込みができない

このような傾向性が見てとれるのです。

なぜ私が「テキストは一冊」「ノートは作らない」と言うかといえば、そのような制約を自分に課すことで、余計な情報を捨てなければならなくなり、自然と情報の絞り込みができるからです。

難関資格になればなるほど、試験範囲は膨大になります。

本試験でも、今までに出されていないようなやり方で、手を変え品を変え出題されます。しかし、合格のためにはすべての問題を解けるようになる必要はありません。完璧を目指す必要はありませんし、そもそも100パーセント正解するなどということは不可能なのです。

長期受験生ほど、前年の試験結果を見て、落としてもいい問題（正答率が40パーセントを切るような問題）の存在にこだわってしまうのです。そのため重箱の隅をつつくように、細かい知識を追い求めてしまい、情報がどんどん増えて整理できなくなります。

短期合格者は、知識量では長期受験生より少ないことがほとんどです。

しかし短期合格者ほど勉強範囲の絞り込みができています。

そして、過去に出題されたような問題は絶対に間違えません。正解すべき問題で確実に得点して、誰もが間違えるような難問は捨てるという勇気があります。

特に社会人受験生として資格試験に挑戦する場合はなおのこと、時間との勝負になります。情報の絞り込みがさらに重要になりますので、「テキストは一冊」「ノートは作らない」という鉄則を守らなければ、合格は難しいでしょう。

絞り込む範囲としては「テキスト」と「過去問」でまずは十分です。他の情報は捨てても合格点には達しますので安心してください（過去問については後で触れます）。

短期合格するためには、試験に必要ない枝葉の知識や、出題可能性が少ないところはあえて捨てていき、確実に出題される分野をきちんと答えられるようにしておくことが、なによりも重要なのです。

短期合格者の中でも、初回の受験で合格してしまう一発合格者という人たちがいます。6回も受験した私からすると、うらやましい限りの存在です。

よく考えてみると、一発合格者は予備校のカリキュラムが終わった直後に初めて本試験に臨むようなスケジュールになります。

そのため一発合格者は、「予備校のテキストと過去問しかやる時間がなかった」という状態で本試験を迎えるわけです。結果として、余計な情報を入れるヒマもなく、情報の絞り込みができた状態で試験を受けられることになり、一発合格につながったと考えられます。

短期合格のためには「情報の絞り込み」がなによりも必要であり、それを実践するための方法として「テキストは一冊」「ノートは作らない」というルールが有効なのです。

理解できない箇所は割り切って飛ばす

資格試験の勉強を進めていくと、どうしても理解できない箇所や問題にぶつかるときがあります。

そうした場合にどうするか？　ここでも短期合格者と長期受験生の行動に違いが出ます。

- **短期合格者は理解できない箇所はいったん飛ばして先に進む**
- **長期受験生は理解できない箇所にこだわってそこで止まってしまう**

資格試験の勉強は、語学など一部を除けば学校教育で学習したものとは異なる分野です。ですから、勉強をしていて理解できない箇所が出てくるのは当然なのです。

そこでいちいち立ち止まって悩むよりも、「理解できない箇所は仕方がない」と割り切って、どんどん先に進んでいった方が勉強効率はアップするのです。

むしろ、理解できない箇所にこだわってその場所でもがくあまり、資格試験の勉強自体のやる気をなくしてしまうという人も結構いるので、要注意です。
悩んで挫折するくらいなら、割り切ってさっさと先に進みましょう。

もちろん、理解できない箇所を試験までほったらかしにしておくわけではありません。テキストや過去問に取り組んで理解できない箇所が出てきたら、付箋を貼るなど目印をつけておいて、後から振り返れるようにしておきます。

そして、該当する科目の範囲を一通り最後まで終えた段階で、付箋を貼った箇所に戻ってきて再びやってみるのです。

理解ができたり、あるいはなんとなく正解のイメージがつけばまずは大丈夫です。振り返ってもわからなければ、再度付箋を貼るなどして目印をつけ、いったん他の分野の学習に移りましょう。

テキストによっては、たまたま記述が少ない箇所だったのかもしれません。そもそも振り返ってもわからないような難問であれば、他の受験生も正解できる確率は少ないはずです。

いったんその箇所は保留にして、見切り発車でもいいのでどんどん先に進んで、全体を一通り終わらせることを優先しましょう。その方が実力アップに直結します。「合格点さえとれれば問題ない」という割り切りが必要です。

理解できなかった箇所は、後でネットで検索して調べたり、予備校に通っていれば講師に質問するなど、解決の手段はいくらでもありますのでご安心ください。

合格すればＯＫ！　それが資格試験

どんな資格試験でも、合格のために100点満点を取る必要はありません。

試験によって差はありますが、６～９割程度で合格ラインが設定されていますので、その基準さえ超えれば合格できるのです。多くの人がもっている運転免許でも、学科試験で満点を取る必要はありませんでした。ところが、長期受験生ほど、合格には必要ないのに100点満点を目指してしまうのです。

- **短期合格者は合格点を目指す**
- **長期受験生は満点を目指す**

長期受験生は、合格できない不安からか、あるいは予備校をハシゴしすぎて情報に惑わされているのか、とかく完璧主義に陥りがちです。本試験でも１００点満点を目指そうとする勉強をしています。

ところが、長期受験生の方が知識量が多いにもかかわらず、本試験で培ってきた知識を活用できず落ちてしまう人が多いのです。

出題される可能性が低い範囲、あるいは配点が少ない範囲にも過剰に力を注いでしまうので、受験生なら誰もが得点できる基礎的な分野がかえっておろそかになってしまうのでしょう。

そこで「知識が足りなかったから落ちた」と錯覚して余計な教材に手を出したり、予備校をハシゴして答案練習会の問題を集めることに執着したりして、かえって効率の悪い勉強をしているのが長期受験生によくあるパターンです。

資格試験では、満点を目指す必要はありません。合格点を確実にとればいいのです。

逆算メソッド勉強法で目指すのはあくまでも資格試験の合格です。法律や会計分野の学者になることが目標ではありません。学問であれば果てしなく知識を追求する意味もありますが、資格試験受験者にとっては合格さえできればそれでよいのです。

特に仕事をしながら勉強する社会人受験生は時間がありませんので、学習する範囲はできる限り絞り込むことがポイントです。

受験する資格試験で何点とれば合格できるのか。科目ごとの配点はどの程度なのか。それを、勉強をはじめる段階で調べておき、必要な点数から逆算して勉強をはじめましょう。試験当日に合格点を取るためにはどうすればいいのか、その戦略を立てることが合格する第一歩です。

司法書士試験の場合、択一式で9割、記述式で7割取れていれば、十分すぎるほどです。そのため、まずは択一式8割を確実に取れることを目標にすべきです。

「合格点を目指して勉強すればいいのはわかるが、本試験では緊張もあって実力を発揮できないかもしれないので余裕を持って勉強したほうがいい」

こういう意見もあります。たしかにその通りです。

しかし、合格点プラスアルファの点数を目指すにせよ、テキストと過去問以外の余計な教材にまで手を広げる必要はありません。

自分の使っているテキストには合格できるだけ情報は記載されているはずですし、そこに自分なりに情報を追加していけば、合格点プラスアルファの知識は十分に確保できます。

あとは、過去問でアウトプットの練習をすればいいのです。

情報を絞り込めない一番の理由は、「もっと知識がなければ落ちるのでは」という不安です。「合格点スレスレでも合格すればＯＫ！」と割り切って、絞り込んだ情報を繰り返して勉強することが短期合格につながるのです。

暗記力をアップさせるコツ

資格試験では暗記しなければならない範囲も大量になります。
試験にはつきものの暗記ですが、このやり方にもコツがあるのです。

- **短期合格者は手を動かして図に書き出しながら勉強する**
- **長期受験生は頭の中だけで覚えようとする**

勉強したことがきちんと記憶される人は、目と手と頭を駆使して、図に書き出してイメージしながら覚えていっています。

頭の中だけで覚えようとするのではなく、手を動かして、図にしたイメージを目でも見ることで、たくさんの感覚をつかって覚えようとするのです。

ここでいう「図に書き出す」とは、「きれいにノートをまとめる」という意味ではありません。むしろ落書き程度でもいいので、手を動かして図にすることでまずアウトプットをし、五感を使って覚えることが大事なのです。

同じ意味で、声に出して読んだりして耳から音を入れるのも効果的です。

先に挙げた精神科医の樺沢紫苑先生は、『学び効率が最大化する　インプット大全』（サンクチュアリ出版）の中でこう述べていました。

「せっかく貴重なインプットをしても、早くアウトプットをしないと、刻一刻と記憶から失われていくのです」

そのため、「インプット直後のアウトプット」が極めて重要だと説いています。

せっかく勉強した内容を記憶に定着させるためにも、インプットしたらすぐに、体のあらゆる部分を使いながらアウトプットをするようにしましょう。

図解化して考える習慣をつけておくと、試験でも問題文を単純に図解化することで説明の因果関係が頭に入りやすくなり、解答を早く導けるようになるので、普段の勉強から意識してみてください。

さらに、学んだところと似たような制度趣旨のものと比較しながら、類似点や相違点を意識して、目線を広げて勉強していきます。

学んだ知識をそれ単体ではなく、全体を俯瞰したうえで文脈に落とし込んで、その事柄がもつ意味合いも含めて理解しようとするのです。

受験勉強で、年号などの数字を覚える際に「語呂合わせ」をやることがあったと思います。

語呂合わせというのも、単なる数字に意味をもたせることで、脳に強いイメージを与えて記憶に定着させようとする手法です。

長期受験生は、細かい知識も含めてなんでもかんでも暗記しようとする傾向があります。労力がかかる半面、イメージや意味と一緒に記憶していないので、試験本番で解答につながる知識がとりだせるとは限らず、効率的とはいえません。

やみくもに暗記量を増やすのではなく、図を書いてみたり、全体の意味を俯瞰するなどして、鮮明なイメージとともに記憶するよう心掛けていきましょう。

過去問を最優先して反復学習すべき理由

独学でも、予備校に通っていても、資格試験受験生にとってとにかく大事なのは、テキストと並んで「過去問（過去問題集）」です。

資格試験の難易度などにもよりますが、試験によっては先に過去問を解いて、その後テキストで勉強した方が効率的な場合もあります。

私の経験でも、日商簿記2級を受験した際は、先に過去問を解いてみて、それからテキストに戻って勉強した方が効率よく実力がアップした実感がありました。

簿記の「仕訳」のように、とにかく手を動かして計算する問題がある場合、なおさら過去問を重視した方が効率よく勉強できます。

いずれにしても、あらゆる資格試験において次のような傾向があります。

- **短期合格者は過去問を最重要視する**
- **長期受験者は過去問よりも予備校の答案練習会（答練）の問題を重要視する**

資格試験の過去問は、出題者が過去の資格試験の内容を踏まえて、精査して作成しています。

特に最近では、その年の試験問題もすぐに公表される傾向にあります。従来からあまりにも逸脱した変わった問題や、難易度があまりにも違う問題だと、試験の公平性という観点からも批判が出てしまいます。

つまり過去問の延長線上に本試験の問題も出題されるわけです。

そのため過去問にしっかり取り組むことが、合格から逆算したときに最短ルートであることは間違いありません。

時間の効率化という意味からも、過去問を何度も繰り返し反復学習することで、自分がチャレンジする試験でなにが問われるのかを覚えこむことは有効です。

水泳などのスポーツでも同じだと思いますが、プールに入って泳ぐ前にいくら本を読んで泳ぎ方をインプットしても、実際に泳げるようにはなりません。

それよりも、まずプールに入って、へたくそでもなんでもいいから泳いでみる。それから本を読んで「自分の泳ぎ方はどこが悪いのかな？」と復習して、またプールに飛び込んで泳ぐ。その繰り返しの方が、よほど早く上達するでしょう。

過去問は最高のアプトプットの練習になります。また、過去問で間違えた箇所をテキストに戻って復習することは、試験に直結したインプットにもなります。間違えた原因をしっかり分析し、自分自身にフィードバックすることで実力もアップするのです。

つまり、過去問を繰り返すことは、最も効率の良いインプットとアウトプットの反復学習になるのです。

長期受験生が過去問を軽視してしまう理由として、「過去問を何度も解くと、答えがわかってきてしまうので、繰り返しやる意味がない」というものがあります。

そんな理由から長期受験生は過去問を軽視し、代わりに予備校の答案練習会（答練）の問題を解いて知識を得ようとしています。

答練の存在を否定するわけではありませんが、過去問と比較すれば優先順位は下です。

答練で出される問題は、予備校の「作問チーム」と呼ばれる、資格試験合格者からなるアルバイトの人たちが作ることが多いです。本試験の問題は専門家である学者や実務家、各省庁の役人の方々などが作成しています。それに比べると答練の問題はレベルが低いことがあります。

また、同じような問題を使いまわしてしまうと、何度も受講している方（長期受験生）からクレームが来てしまいます。それを避けようとするあまり、奇をてらった問題や、出題範囲から逸脱した問題を出してしまうこともあるのです。

長期受験生は答練の問題に慣れてしまい、本来重要である過去問を軽視してしまうのです。すると、枝葉の知識は増えるのですが、合格者が確実に得点できる問題を取りこぼしたりすることで、かえって合格から遠のいてしまいます。

長期受験生もまずは過去問をしつこく繰り返すことをベースに勉強計画を立ててください。

答練を受けるにしても、一校に絞るべきです。試験予備校ごとに答練をやっていますから、何校も答練をハシゴする受験生もいますが、はっきり言って時間と費用のムダです。答練は一校にとどめて、そのぶんの労力は過去問をあたることに費やしてください。

それでは、過去問をどのように使って勉強すればよいのでしょうか。

過去問には、分野別過去問と年度別過去問があります。これらをうまく使い分けて勉強することで、合格へとさらに近づきます。

2種類の過去問の特徴と使い方を見ていきましょう。

過去問活用術　その1【分野別過去問】

分野別過去問とは、例えば司法書士試験であれば「民法」「不動産登記法」「司法書士法」などのように、科目別に数年分の過去問がまとめられた形式の問題集です。

過去問に取り組む際には、まず分野別過去問を繰り返し勉強して、ある程度の力がついてから年度別過去問に進むという順番がおすすめです。

それでは分野別過去問をどのように使えばいいのかを説明しましょう。

分野別過去問は、基本的には最低4回は繰り返し学習します。

①まず1回目は、テキストや予備校の授業で習った部分を、自分がどの程度理解できているのかを確認する意味でやってみましょう。

1回目の過去問は、解けなくても問題ありません。アウトプットの力がどのくらい身についているのか、あるいは身についていないのかを確認できればいいのです。

そして、過去問に該当する記述がテキストのどこに書いてあるのかを確認して、テキストを読み込みましょう。

場合によっては未習分野が過去問で出題されていることもあります。その際には、付箋を貼るなどしてわかるようにしておき、該当分野を学習してから再度解いてみましょう。

②1回目の過去問を解いてから少し時間を空けて、2回目をやってみましょう。
その分野の学習が一通り終わっている頃に解くのがいいタイミングです。

まだ正答できなくても構いませんので、答えを導く根拠を自分なりにしっかり考えて取り組むようにしましょう。

自分の解答が正解でも、間違っていても、いずれにしても該当するテキストの部分をきちんと読み込むようにします。そして、正解であれば自分が解答を導いた根拠を、間違っていたらなにを間違ったのかなど、過去問を踏まえた情報をテキストにどんどん書き込んでいきましょう。

③3回目は、じっくり考えて正解を導き出せるように解いてみましょう。
それでも間違えていた場合は、その分野の知識が定着していない証拠ですので、またテ

キストに戻り読み込みを行います。

また、問題のリード文などから、似たような制度や趣旨を扱った問題と比較したり、類似の問題や引っ掛け問題がないかなどを確認します。

そして、選択肢の用語も細かく確認して、「なぜこの選択肢を切ってよいのか」なども確認します。いわば過去問を使ってインプット学習をしっかり行う段階です。

④4回目以降はアウトプットを意識してやってみましょう。時間を計って解答し、スピードを身につけることも大切です。

この段階でも過去問を間違えるのであれば、そこの分野は弱いということなので徹底的に潰す必要があります。今後の勉強計画でも重点的に取り組むようにしましょう。

繰り返し間違える問題は、どうして間違えるのかを突き止め、自分自身にフィードバックできるようにしましょう。場合によっては予備校の講師に質問するなど、知識の抜け漏れがないように埋めておくことが必要です。

大まかには以上のような形で、分野別過去問を最低4回は繰り返します。

「過去問は何回やればいいですか?」という質問がよくありますが、私は4回にこだわらず何度やってもいいと思います。

過去問はアウトプットの最高の訓練になりますし、勉強を重ねていくと新たな発見をすることもあります。

最初に解けなかった問題には付箋をしておき、どこがわからなかったかをテキストにメモしておきましょう。過去問を回していくうちに疑問が解決し、弱点を克服できていることが実感できるはずです。

また、分野別の過去問集をきちんとやりこんでいれば、「来年の問題はここが出題されるかもしれない」とアンテナを張り巡らせることもできます。

そして過去問からは出題されなくても、似たような問題から知識を手繰り寄せ、制度趣旨から答えを割り出すことも可能になります。知識と知識が融合する感覚です。

私も司法書士試験に合格したときは、今まで出題されていない分野が出ても、問題文から似たような過去問を頭の中から手繰り寄せ、制度趣旨を手掛かりに、答えを出していったことがありました。

過去問活用術　その2【年度別過去問】

分野別過去問をしっかりやりこんで、それぞれの分野の実力がついたと実感できたり、また本試験が近くなってきたならば、分野別過去問から年度別過去問に切り替えましょう。

年度別過去問とは、「2020年度本試験」「2021年度本試験」という形で、その年度に実施された本試験とまったく同じ問題が数年分収録された問題集です。

年度別過去問は、本試験とまったく同じ形式と同じ配列で問題が出されていますので、その年の本試験同様に問題を解くことができます。いわば本試験のシミュレーションになるのです。

そのため、直前期に本試験に向けて自分を慣らしていくためには絶好の教材なのです。

年度別過去問に取り組むときのポイントを2点挙げます。

①問題の解き方や解答を導く根拠を意識して取り組みましょう。

分野別も含めて、これまで何度も過去問をやってきている人ならば、問題を見た瞬間に答えが導き出せるということもあるでしょう。
その場合でも、自分が実際に本試験に臨む受験生ならば、「ここの知識があれば最初にAとBの選択肢まで絞り込める」「このパターンの引っかけ問題だからCの選択肢は除外できる」というように、解答を導く根拠を意識しながら解くことです。

②時間配分や問題を解く順序を意識して取り組みましょう。

時間配分については、本試験と同様の時間で取り組むのが大前提です。そのうえで、大きな設問が5つあったとすれば、「試験時間が60分だから、ひとつの設問に10分かけて、最後の10分で全体を見直そう」というように、時間配分をしっかり考えながら解いていくことです。

そして、自分の得意分野や、点数が稼ぎやすい分野があるなら、問題の順番を無視して最初にそこから解くのも合格への近道です。科目ごとの基準点（足切り点）がある試験もありますが、そうだとしても自分なりにどういう順番で解いていけば得点を稼げるかを意識して解いてみましょう。

漫然と年度別過去問をやっても効果は上がりません。
「試験時間内に合格点以上の点数を取る」

というアウトプットを強く意識して、年度別過去問を勉強しましょう。

私も受験生時代、年度別過去問を勉強していたときは、「どうやったら短時間で解答にたどり着けるのか」をとことん意識して取り組んでいました。

年度別過去問では、今までに分野別過去問で得た実力をもとに、作戦を考えて勉強することです。

このように、過去問は知識の確認にも、問題の解き方にも、本試験のシミュレーションにも、さまざまな形で使えるのです。

過去問勉強は「6つのステップ」で効率よく

分野別と年度別の両方の過去問に共通していえる、効率の良い勉強法について、6つのステップで説明しておきます。

これは長期受験生だった私が試行錯誤の末にたどり着いた方法であり、「受験生のときに知っていればもっと早く合格できたのに！」と今でも思っているぐらいですので、ぜひ日々の勉強に取り入れてみてください。

①最初は過去問を全体を通して解いてみる。

②答え合わせをする。正答した問題で、なおかつ解答の根拠がわかる場合、過去問の解説を見ないでテキストの該当箇所を読んでみる。そしてテキストと過去問を照合させながら、出題の仕方を研究する。

③誤答した問題で、なおかつ解答の根拠や問題の意図もわからない場合、まず過去問の解説を熟読する。その後でテキストの該当箇所に戻ってみて、解答の根拠を考える。

④③までの過程で過去問の解説とテキストを往復しても、解答の根拠がわからない問題がある場合、予備校に通っている場合は予備校講師に聞いてみる。これが効率化の観点から最も早い。

⑤独学の場合、過去問の解説とテキストを往復してもわからない問題は、とりあえず付箋をつけて「この問題は理解できていない」ことを忘れないようにする。そのうえでいったん放置して勉強を進める。全分野の勉強が終わったところで再度、付箋を貼った問題に戻って確認する。

⑥それでもわからない場合は、ネットなどで検索して解答の根拠を調べる。どうしても

わからない場合は、予備校講師などのＳＮＳで、失礼のない範囲で質問してみるのもあり。ただし、受講生でないと答えてくれないこともある。あまり時間をかけすぎず、場合によっては「捨てる」ことも必要。

さて、ここで大事なのは⑤〜⑥のときにどうするかです。

長期受験生にありがちな傾向として、⑤のように「過去問の解説でもテキストでもわからなかった問題」が生じた際に立ち止まってしまい、疑問が解けるまで延々その問題と取り組んでしまうことがあります。

私もそういうことをしていた時期がありましたが、端的にいってそれは時間の無駄です。

「わからない問題は飛ばして先に進む」

これが短期合格の秘訣です。

どうしてもわからない場合は⑥に記したように、ネットやＳＮＳを活用するのもひとつの手ですが、ほどほどにしておきましょう。

試験本番までどのくらいの時間があるかにもよりますが、場合によっては「捨てる」ことも必要です。割り切ることが大事です。

ひとつの問題を解くのに長い時間をかけるより、その分、過去問を何度も回して、実力を全体的に底上げしたほうが、よほど合格に近づきます。

仮にわからなかった問題が本試験で出題されたとしても、「この問題は捨てて他を間違えないようにしっかりやろう」と切り替えて、他の問題を解けばよいのです。

【コラム】

長期受験生きりじゅんの反復勉強法

私が受験勉強を開始したころは、大学の法学部には通っていましたが司法書士試験の知識はゼロに近い状態でした。そもそも司法書士試験の試験範囲は実務に直結する内容が多く専門的でもあるので、法学部の授業で扱う範囲ではなかったのです。

そのため司法書士試験予備校に通うことにしました。まずは予備校の基幹講座に通い、知識のインプットに励んだのです。

さて、受験を開始した当時、私の思考は本章で述べた「長期受験生の勉強法」そのままでした。

とにかくインプットすることが大事で、アウトプットに関しては「当日に試験会場で答案が書ければいいだろう」と思っていました。

しかし、初回はともかくとして、2回目、3回目、4回目と受験を重ね、不合格という厳しい現実に何度も直面しました。

「インプットも大事だが、アウトプットの方がむしろ大事ではないか」

いつしかそのように気がついたのです。

それからは、予備校の答練の際にも、「これは本試験用のアウトプットの訓練である」ということを強く意識しました。

具体的には、試験本番で使えるような、自分なりの「問題の解き方ルール」を身につけることを主眼にしたのです。それは、司法書士試験の択一式で、自分がもっている知識だけで選択肢を絞り込む（誤った選択肢を切る）という練習でした。

択一式問題で5つの選択肢があったときに、5つすべての知識がなくても、2つないし3つの選択肢についての知識があれば、消去法で回答を導き出せるのです。

勉強法を切り替えて気がついたのは、「合格に必要なインプット量は、テキストと過去問を繰り返し反復学習することで自然と身につけられる」ということでした。かえって余計な知識を入れずに済んだことで、結果的に合格へと結びついたのです。

最近、司法書士の仕事をやりながら思うことは、試験を通じて培った、情報を取捨選択して早く処理する能力が実務の事務処理でも非常に役立っているということです。

私は6年にわたる受験生時代の前半では、自分の勉強法に固執していました。

これが長期受験生になったひとつの要因でもあります。

あるとき、「なぜ同じテキストを使っているのに合格できる人とできない人がいるのだろう?」と疑問に感じました。

そこで、同じテキストを使っていて短期合格した人などに話を聞き、彼らの勉強法を取り入れたことで、一気に合格へと近づいたのです。そのエッセンスは、本書でもご紹介している通りです。

合格というゴールに早くたどり着くためには、自分のやり方に固執してはいけません。うまくいっている人のやり方をまねて、自分の勉強法も柔軟に変化させるのです。

難関資格試験の勉強は長期戦になりますが、ときには自分の勉強法も柔軟に変化させられる人の方が、短期合格へと近づけることは間違いありません。

時間を制する者は試験を制す

「時間管理勉強法」

第3章

時間管理の起点は「試験日当日」

「逆算メソッド勉強法」でいちばん重要なのは、時間の管理です。ゴールから逆算して、今、必要な勉強をするのが逆算メソッド勉強法の根幹です。

各種資格試験は、基本的には毎年ほぼ同じ時期に行われます。その年の試験日が発表されていなくても、司法書士試験であれば「7月の第1日曜日」など、これまでの実施要項から試験日の目安はつきます。

ゴールである本番の試験日から逆算して勉強していかなければなりません。

ところが多くの人は、「自分は昨日までにC単元まで終わったから、今日はDをやろう」と、自分の現状を基準にして、そこからただ積み上げていく形で勉強をしています。

そのようなやり方では、試験日までにすべての試験範囲の勉強が終わるのかどうか、そして自分が合格レベルにまで到達するのかどうか、不確実なままです。

積み上げていった結果、試験日の前日になって「試験範囲の7割までしか終わってない」という状況になっても、後の祭りです。

試験日まであと何日なのか？

何日前までにどの程度まで仕上げなければいけないのか？

これらを常に意識することで、勉強にメリハリがつきます。

特に社会人受験生の場合は毎日の仕事があります。勤務前後の空いている時間と休日に勉強するしかありません。予期せぬ残業や繁忙期などで思うように勉強時間がとれない場合もあるでしょうから、余裕をもった勉強計画が必要になるのです。

試験日まで残り何日で、勉強時間をどのくらい確保できるのか。

そうして算出した勉強時間に、試験範囲をどうやって割り振って合格までもっていくのか。

難関資格試験であればあるほど、試験日から逆算した時間管理は非常に重要になります。

この章ではその時間管理のコツについて解説していきましょう。

合格までの勉強時間を最初から意識する

どんな資格試験の勉強を開始するときでも、合格までに必要となる大まかな勉強時間を最初から意識してください。（第1章「各種資格試験の合格に要する勉強時間」参照）

- **短期合格者は合格までの勉強時間を最初から意識する**
- **長期受験生は合格までの勉強時間を意識していない**

例えば、司法書士試験では合格までに必要な勉強時間は約3000時間とされています。自分が合格を目指す年度の試験日までに3000時間勉強するという前提で、計画を立てなければいけません。

現在が4月だとしましょう。司法書士試験は毎年7月第1日曜日に実施されています。すると試験日まで15カ月、約450日あるわけです。

単純化すると次のような式が成り立ちます。

・3000時間÷450日＝6時間40分（1日に必要な勉強時間）

15カ月で司法書士試験に合格するためには、1日に6時間40分も勉強しないといけないのです。それも毎日です。かなり大変な道のりだとわかります。

こうして数字にしてみると、自分の目指す資格試験がどれほどの難関なのか、リアリティをもって感じられるはずです。

この式は、平日も休日も区別していない大まかな試算です。実際には、仕事をしている人は平日の勉強時間は少なくなり、その分は休日に多めに勉強してカバーする、といった計画を立てる必要もあるでしょう。

それでも1日平均6時間40分も勉強するのは相当に厳しい道のりです。だとすると、「来年の合格は現実的ではないから、再来年に向けて着実に準備しよう」といった形で、計画を立て直すこともできます。

一方、受験勉強だけに専念できる人であれば、「1日8時間から10時間は勉強できるはずだから、来年合格を狙えるぞ！」と意欲を燃やせるかもしれません。

いずれにしても、短期合格者は試験勉強を開始する段階で、本試験から逆算して勉強計画を立てます。1日、1週間、1カ月といった単位で、こなすべき勉強時間や内容が明確になっているのです。すると、時間を有効に使えるようになります。

「今日は残業になりそうだから、朝早く起きて出勤前と昼休みに勉強時間のノルマを終わらせておこう」

こうした意識が働いて、スキマ時間や通勤時間などもムダにしないのです。

長期受験生は、「試験はまだ一年先だから、マイペースでやっていこう」などと無計画に勉強を進めるので、試験間際になっても出題範囲の勉強が終わっていない、といった事態になってしまうのです。

また、合格までに必要な勉強期間は、「独学」「通信講座」「予備校に通学」など、勉強方法によっても変わってきます。

特に独学で挑戦する場合は、勉強方法を確立するまでに時間がかかりますので、合格までに必要な勉強時間の目安より多くかかることもあります。

その点、予備校に通学、あるいは通信講座を受講するなどの場合、試験対策のプロが組んだカリキュラムに沿って勉強できますから、効率という点では独学を上回ります。

一方、予備校に通学する場合、場所によっては通学時間がかかってしまいます。

こうした要素を踏まえたうえで、本試験から逆算してどのくらいの勉強時間を確保すべきなのか、そして自分はどのくらいの勉強時間を確保できそうなのか、シミュレーションしてから勉強をはじめてください。

本試験までの「残り日数」を管理する

「逆算メソッド勉強法」の要諦は、試験日までに合格できる実力をつけることにあります。そのため、毎日勉強している中でも「本試験まで残り何日なのか」から逆算して、今やるべきことをやるようにしなければいけません。

- **短期合格者は本試験まで残り何日か頭に入っている**
- **長期受験生は本試験まで残り何日か頭に入っていない**

きわめて単純なことですが、「本試験まで残り何日か頭に入っていない」受験生が非常に多いのも事実なのです。

本試験まで残り何日かによって、勉強の中身が変わってくるのは当然です。

わからない問題があったときも、試験日までの残り日数で対応が変わります。

残り日数が十分にあれば、自分が理解できるまでその問題に取り組むのもいいでしょう。

しかし残り日数にあまり余裕がないのであれば、わからない問題はいったん捨てて先に進み、未習の分野をつぶした方が、得点アップにつながると思われます。

弱点を補強すべきなのか、過去問をもう一度回すべきなのか、テキストを読み直すべきなのか。

これらも試験日までの残り日数で決まってくるのです。

最も避けるべきなのは、細かいところが気になって立ち止まってしまったり、あるいはダラダラと進捗スピードが遅いままだったりして、試験日までに出題範囲の勉強が一通り終わらないという事態です。

「そんな受験生いるの？」と思うかもしれませんが、かなりの数の受験生が、勉強ペースがつかめないまま、出題範囲を終えることなく試験日を迎えます。

そうした人は当然ながら不合格になりますので、長期受験生への道を歩んでしまうのです。試験日までの残り日数を常に意識して勉強しなければいけません。

資格試験予備校に通ったり、通信講座を受講している場合は、本試験までのスケジュールにあわせたカリキュラムや教材を予備校が提供してくれますので、それに沿って勉強すればいいと思いがちです。

しかし、予備校や通信講座を受け身で利用する姿勢ではいけません。予備校の授業を聞くだけで合格レベルの実力がつくほど甘い世界ではないからです。授業を受けるだけでなく、自分で予習や復習をして、過去問を解いたりするなどの勉強は不可欠です。

自分の勉強をきちんとしなければ、徐々に授業にもついていけなくなり、やがて出席しなくなってしまうのです。通信講座でも同様で、次々と送られてくる教材をこなすことができず、机の上に積み上げているうちに、やる気をなくしてしまいます。

せっかく高い費用を出して予備校に通ったのに挫折する人は、こうしたパターンに陥ってしまうことが多いのです。

予備校に通学したり、通信講座を受講している人であっても、本試験まで残り何日かを意識して、自分の勉強計画を立てなければいけません。

まして、独学で合格しようとするなら、道案内をしてくれる人が誰もいませんから、自分で立てた勉強計画だけが針路を示すコンパスになるのです。

「月間勉強計画表」でスケジュールを管理

ここで、私が司法書士試験の受験生時代に使っていた、時間管理勉強法で用いる2種類のフォームをご紹介します（どちらも内容は簡略化しています）。

まずは「月間勉強計画表」です。掲載したのは司法書士試験用です。5月に勉強をスタートして、翌年の7月に本試験を受けることを想定しています。

左側に時間軸、右側にその時間軸に対応した勉強内容と教材を記しています。

この計画表は、ある資格試験予備校のスケジュールをもとに作成しています。

5月1日に勉強をスタートし、まず「全体構造」を勉強します。

続いて5月17日から8月23日までは「民法」を勉強します。司法書士試験の民法は範囲が膨大なので、3カ月以上の時間はかかると見越してこのようなタイムスケジュールを組んでいます。

その後、同様に8月23日から「不動産登記法」、10月28日から「会社法・商法」というように勉強を進めていき、翌年7月までにすべての試験範囲の学習を終えられるように計画しています。

範囲が終わるたびに右端の欄をチェックし、進捗状況を確認します。

●月間勉強計画（司法書士）　予備校のカリキュラムに沿って計画

月	日	試験範囲計画	使う教材	チェック
5	1	全体構造	予備校のテキスト	
			過去問集（憲法）	
5	17	民法（講座を聞く）	予備校のテキスト	
			過去問集（民法）	
8	23	不動産登記法（講座を聞く）	予備校のテキスト	
			過去問集	
		民法の復習（１回目）	予備校のテキスト	
			過去問集	
10	28	会社法・商法（講座を聞く）	予備校のテキスト	
			過去問集	
		不動産登記法・択一式の復習	過去問集	
		不動産登記法・記述式の復習	予備校配布のテキスト・過去問	
		※民法（スキマ時間に過去問を解く）	過去問集・テキスト（民法）	
12	8	商業登記法（講座を聞く）	予備校のテキスト	
			過去問集	
		会社法の復習	過去問集・テキスト（会社法）	
		民法の復習（※スキマ時間に過去問を解く）	過去問集・テキスト（民法）	
		不動産登記法・択一式の復習	過去問集・テキスト（不登法）	
		不動産登記法・記述式の復習	過去問集	
1	24	憲法・刑法（講座を聞く）	予備校のテキスト	
			過去問集	
		商業登記法・択一式の復習	過去問集	
		商業登記法・記述式の復習	予備校配布のテキスト・過去問	
		他の科目の過去問を解く（１日おき）	過去問集・テキスト	
2	7	民事訴訟法関連（講座を聞く）	予備校のテキスト	
			過去問集	
		不登法・商登法の記述式を解く	問題集・過去問集（１日おき）	
		各科目の過去問を解く	分野別過去問集（１週間で全科目回す）	
3	7	供託法・司法書士法（講座を聞く）	テキスト	
			過去問集	
		各科目の過去問を解く	分野別過去問集（１週間で全科目回す）	
		不登法・商登法の記述式を解く	問題集・過去問集（１日おき）	
4	1	過去問を回す	年度別過去問	
		※弱点のところを徹底的に潰す		

「勉強確認表」で試験範囲の抜け漏れをチェック

二つ目は、「勉強確認表」です。

前項の「月間勉強確認表」を、1週間ごとのタイムスケジュールに落とし込んだものです。どちらかといえば試験日が近づいてから使うと効果的かもしれません。この表を使えば、月~日の7日間でどの科目を勉強したのかをチェックできます。

勉強する科目に偏りがないかどうか、チェック欄が何週間も空白のままの科目がないかどうかなどを目で見て確認できます。

こうして、試験範囲で勉強が漏れている科目がないかどうかを確認するのです。

●司法書士勉強確認表（　/　～　/　　試験まであと　　日）

		月	火	水	木	金	土	日
憲法	人権							
	統治							
民法	総則							
	物権							
	担保物権							
	債権総論							
	債権各論							
	親族							
	相続							
刑法	総論							
	各論							
会社法	株式会社							
	持分会社							
	その他							
民事訴訟法								
民事執行法								
民事保全法								
司法書士法								
供託法								
不登法	総論							
	各論							
商登法	総論							
	各論							
不登法記述								
商登法記述								

※やった科目の部分に○をつける

「朝活」は超おすすめ！

社会人受験生の場合は、「勉強時間をいつ確保するのか」が切実な問題です。

そこで、朝の時間を有効活用する「朝活」で勉強時間を確保してみてはどうでしょうか。

- **短期合格者は夜早めに寝て朝の時間を有効活用する**
- **長期受験生は夜遅くまで起きて朝ギリギリまで寝てしまう**

朝活の有効性は私も受験生時代に体験済みです。

朝早く起きて、職場に行く前に勉強をするだけなのですが、これが非常に効率よく勉強が進むのです。起床してからの2〜3時間は「脳のゴールデンタイム」と言われていて、脳が活発に活動するので、勉強内容が頭に入りやすいという効果もあります。

家で勉強するのもいいのですが、おすすめは朝早い電車で職場の最寄り駅まで行き、カフェなどに入って勉強をするスタイルです。

なぜかというと、朝6時台の電車に乗ればラッシュ時に比べて混雑は激しくないので、通勤が楽なのです。場合によっては座って行けることもあるでしょう。

早朝の比較的ゆったり過ごせる通勤電車の中で、テキストを読んだり、あるいはオーディオブックを使って耳学したりと、勉強時間を確保できます。

なによりも、通勤ラッシュに巻き込まれて体力を消耗することを防げるのが、非常にありがたいです。

そして最寄り駅についたら、そのまま職場に行くのではなく、近くのカフェで勉強するのです。

多くのビジネスパーソンはコーヒーをテイクアウトして職場に行きますが、あなたはカフェで自分の勉強をすればいいのです。

職場に行って始業時間まで勉強するというやり方もあります。しかし、職場に行ってしまうと、上司や同僚から声をかけられたり、パソコンを立ち上げるとメールが目に入ってきたりと、勉強だけに専念できる環境ではありません。

一方、朝の時間帯はカフェもかなり空いています。お客さんが少ないので話し声やざわざわした感じもなく、静かな環境で勉強できます。

テーブルもあるカフェでは、テキストを集中して読み込んだり、あるいは過去問を解いたりと、自分のやりたい勉強を進めることができます。

始業時間までに終わらせるという意識から、「締め切り効果」も働くので集中して効率よく勉強ができます。

例えば、朝の6時に自宅を出たとしましょう。空いている通勤電車のなかで30分ほど勉強をしながら、最寄り駅に到着。その後カフェで1時間ほど勉強してから出勤する。

こうするだけで平日朝に1時間30分の勉強時間を確保できるのです。

朝、1時間30分の勉強を終えていると、「今日もいいスタートができた」と気持ちよく仕事に取り組むこともできるのです。

さて、1日の仕事が終わりました。

まっすぐ帰宅する前にカフェで勉強するのも効果があります。

仕事の後に1時間ほどカフェで勉強してから帰宅すれば、朝、家を出てから夜、帰宅するまでのあいだで、2時間半から3時間の勉強時間を確保できるのです。

あとは疲れていなければ、家でもう1時間ほど勉強をすることで、平日でも4時間の勉強ができるのです。

就寝前に暗記モノをやると、寝ている間に記憶に定着するのでこれもおすすめです。

このように、忙しい社会人受験生ほど、朝の時間をうまく活用して勉強時間を確保することが大切です。

逆に、朝ギリギリまで寝てしまい、まったく勉強をしないままで出勤してしまうとどうなるでしょうか。

1日の仕事を終えた段階で、その日の勉強時間はまだゼロです。それから3時間、4時間と勉強するというのは、精神的にもかなり疲れる作業になります。

朝活をしている受験生は仕事を終えた段階で1、2時間の勉強が終わっていることを考えると、その差は歴然です。

夜帰宅してから3時間も4時間も勉強しようとすると、当然、寝るのが遅くなって睡眠時間も短くなります。次章でも詳しく触れますが、睡眠時間を削って勉強するのは短期合格の敵ですので絶対にやめましょう。

睡眠不足なので朝ギリギリまで寝てしまい、通勤ラッシュに巻き込まれて体力を消耗して1日をスタートする。それでは仕事にも支障をきたしますし、完全に悪循環にハマってしまいます。

合格までに必要な勉強時間を、本試験までの残り日数で割って、1日に必要な勉強時間を算出します。

そのうえで、自分の生活スタイルや仕事の状況に応じて、1日でどのくらいの勉強時間を確保すればいいのか。そこから逆算して、朝の時間をどのように使えばいいのか。

短期合格者ほど朝の時間を有効活用していることを意識してください。

意外と侮れない「朝活勉強法」は、私の経験からもたいへん効果的な勉強法です。

「勉強場所」のメリット／デメリット

先の「朝活」とも関係するのですが、特に社会人受験生にとっては「勉強場所をどうやって確保するか」は切実な問題でもあります。

主に考えられる勉強場所としては次のようなところがあるでしょうか。私が考えるそれぞれのメリット／デメリットも記しておきます。

・自宅（いつでも自由に使え教材もそろう／プレッシャーがなくダラダラしがち）
・通勤時間の車内（耳学などで有効活用できる／混雑して勉強できない場合も多い）
・カフェやファミレス（たいていの駅前に店舗がある／他の客の声で騒がしい場合も）
・予備校の自習室（周囲も受験生なので集中できる／場所が限られる）
・ワークスペース（落ち着いた環境で集中できる／場所が限られ、利用料金もかかる）

こういった場所が思い浮かびます。

私自身は、自宅ではまったく集中できない人間でした。他人の目がまったくない環境では、ついダラダラしたり、ネットサーフィンをしてしまったりと、時間があっても集中して勉強できなかったのです。

そのため集中して勉強したいときは外に出て、主に資格試験予備校の自習室を使っていました。

仕事終わりにも電車に乗ってわざわざ予備校まで行き、自習室で1～2時間勉強してから帰宅するといったリズムで過ごしていました。

資格試験予備校の自習室ですから、当然、周囲にいる人たちも受験生です。静かに勉強している人たちばかりですから、騒がしいこともなく、集中して勉強に取り組めるのです。

また、周りの人たちの頑張っている姿を見て、「私も負けていられない」とモチベーションが上がる効果もあります。

予備校の自習室がある場所は限られますので、わざわざ電車に乗って行かなければならないのはデメリットですが、私にとってはそれを上回るメリットがありました。

外で勉強する際には、「あれもこれも」とたくさんの教材を持っていけません。

仕事をしている社会人は、カバンが重くなってしまいますから、せいぜいテキスト一冊か問題集一冊ぐらいが限度でしょう。

これは一見、デメリットのようにも思えます。

しかし、前章で詳しく述べたように、短期合格のためにはたくさんの教材は必ずしも必要ありません。参考書を机に積んであったとしても、いつも全部見ているわけではないと思います。

むしろ、たくさんの教材を持ち運べないからこそ、「これだ」という教材に絞り込めるのです。勉強をはじめても、他のテキストに目移りすることなく、自分が選んだ教材だけに集中できます。持ち運べる教材が少ないということは、実はメリットが大きいのです。

ただし、外で勉強する際には、声に出してテキストを読んで覚えることはできません。

私もテキストを音読したいときには、早起きして自宅で勉強するようにしていました。

今、自分がやるべき勉強の内容に応じて適切な勉強場所を選べるように、普段からいくつかの選択肢を準備しておくようにしましょう。

社会人受験生は「スキマ時間」を活用せよ

仕事をしている社会人受験生は、専業の受験生に比べて、勉強時間の面では圧倒的に不利な状況となります。

そのため、社会人受験生は、仕事や生活のさまざまな局面で発生する「スキマ時間」をどう活用するかが、短期合格できるかどうかのカギとなってきます。

- **短期合格者はとにかくスキマ時間をうまく活用する**
- **長期受験生はスキマ時間を有効活用できていない**

ただでさえ時間のない社会人受験生ですので、スキマ時間をうまく活用できなければ短期合格はあり得ません。

仕事をしながら資格試験合格を目指すと決めたならば、自分の1日の生活や仕事をよくよく見直してください。

そして、スキマ時間はどれだけあるのかをまずは紙に書き出してみましょう。

職種によって違いますが、次のようなスキマ時間がある人は多いのではないでしょうか。

・通勤時間
・昼休み
・トイレ休憩
・取引先などへの移動時間
・来客などの待ち時間

自分の仕事スタイルを見直して、スキマ時間を洗い出してみるのです。

先に挙げた「朝活」とあわせると、仕事がある平日でも意外と勉強時間が確保できるような気がしませんか？

例えば通勤時間や、取引先への移動時間です。

電車で移動する人は、小さめのテキストを片手で広げて読むこともできるでしょう。

自動車で移動する人は、耳学がおすすめです。オーディオブックや、予備校の授業の音声を車内で流しながら移動すればいいのです。ただし、くれぐれも安全運転でお願いします。

もちろん、電車で移動する人はスマホに音声を入れてイヤホンで聞くこともできます。

もし、自動車の代わりに電車やバスなどで通勤できるのであれば、資格試験勉強中だけ通勤方法を変えることなども検討しましょう。

また、昼休みは勉強できる絶好の機会です。

ランチタイムにオフィス街のお店に行くと、同僚とおしゃべりしながら昼食を楽しんでいる人たちを見かけます。

こうした楽しそうな光景をうらやましく思う気持ちはよくわかります。

しかし、あなたが社会人受験生であればランチタイムを活用して勉強しましょう。

1時間の昼休みがあれば、手早く30分で昼食を済ませ、残りの30分は自分のデスクで勉強ができます。

あるいは、朝のうちにコンビニでおにぎりやサンドイッチなどを買っておけば、昼休みなったらすぐに自分のデスクで昼食をとることができます。そうすると、残りの40分くらいを勉強に当てられるでしょう。

たとえ10分のスキマ時間でも、それを活用して勉強すれば、法律の論点をひとつくらいは頭に入れることができます。

こうしたスキマ時間をコツコツと積み重ねていけば、結構な時間となります。

社会人受験生は、仕事のある平日は朝とスキマ時間を活用して勉強時間をなんとかキープして、休日にしっかりと時間をとって落ち着いて勉強する、というリズムが基本になるでしょう。

いずれにしても、まずは自分のスキマ時間がどれだけあるのかを洗い出し、「スキマ時間を1分たりとも無駄にしないぞ」と強く意識することが、短期合格へのスタートラインとなるのです。

スマホの機能を使い倒せ!

自分が司法書士受験生のときには、まだスマホは普及していませんでした。

しかし最近の資格試験の業界を見ていると、スマホに動画や音声、テキストをダウンロードして勉強できる環境が整ってきています。

スキマ時間をうまく活用するために、スマホを活用した勉強をおすすめします。

スマホを使わない人でも、資格試験の短期合格のためだけに購入してもいいくらいです。

- **短期合格者は「文明の利器」スマホをフル活用する**
- **長期受験生は従前の勉強法に固執してしまう**

近年は「通信講座はスマホ対応」という感じで、資格試験の勉強にはスマホは必須になりました。

最近、ある予備校の関係者と話しをする機会がありました。

資格試験予備校の傾向として、講師の生の声を聞いて授業を受けられる「通学」よりも、講義を録音して配信する「通信」講座を選択している受験生が多いとのことです。

通信講座であれば、スマホにデータをダウンロードして、スキマ時間に繰り返し勉強できるというのも大きなメリットです。

自分が司法書士受験生のときは、「通学講座の方が緊張感があってよい」という風潮でしたが、時代の移り変わりと、コロナ禍という影響もあって受験生の意識が変わってきているようです。

ともあれ、受験生も社会の流れや技術の発達に応じて勉強方法を柔軟に変えていき、効率よく短期合格できる道を選ぶべきでしょう。

「スマホ勉強法」は効率化をはかるうえでかなり重要です。特に、スマホだと机に向かって勉強する必要がなく、電車の中やちょっとしたスキマ時間でも講座を聞くことができるので、社会人受験生にとっては強い味方です。

講義を通勤時間で聞くことができれば、他の時間を復習や過去問の勉強にあてることができるので、より効率よく勉強が進みます。

最近では、予備校のサービスでメールでの「一問一答」の配信などを行っているところもあり、スキマ時間に勉強できる環境が整いつつあるのです。

短期合格者は、スキマ時間の活用のためにスマホを最大限活用しています。

また、スマホで講義音声をダウンロードして聞く際に、通常のスピードで聞くのもいいですが、1・2倍速、1・5倍速、あるいは2倍速など、自分に合ったスピードで聞くこともできます。スマホは時間効率化にもなる強い味方です。

なお、通信講座は何度でも聞けるメリットはありますが、むしろ「講義を聞くのは一回だけ」というように自分で決めておいた方がいいでしょう。何度も聞けると思っていると、かえって集中力が散漫になってしまうのです。これは通学で勉強している場合も同じです。

スキマ時間の活用、時間効率化など、スマホの効能は計り知れません。耳からも目からも、五感を駆使して勉強できるスマホを、フル活用していきましょう。

「ポモドーロ・テクニック」で集中力アップ

時間管理勉強法のひとつとして、「ポモドーロ・テクニック」をおすすめします。

ポモドーロ・テクニックとは、25分の作業と5分の休憩を繰り返すという時間管理術です。

「ポモドーロ」とはイタリア語で「トマト」の意味です。１９８０年代にイタリア人のフランチェスコ・シリロ氏によって生み出された時間管理術で、考案者がトマト型のキッチンタイマーを使っていたことからこの名前がつきました。

ポモドーロ・テクニックを資格試験の勉強に応用すると、次のようなサイクルになります。

①取り組むべき勉強範囲（テキスト、過去問など）を決める。
②タイマーで25分を設定する。
③タイマーが鳴るまでの25分間、集中して勉強する。
④タイマーが鳴ったら、5分間休憩する。
⑤当初に決めた勉強範囲が終わるまで②〜④を繰り返す。
ただし4回（約2時間）繰り返すと集中力も限界に近づくので少し長めの休憩を取る。


「資格試験の勉強をはじめたけれど、なかなか集中して勉強できなくて……」

こうした悩みをもつ人は、ぜひポモドーロ・テクニックを取り入れてみてください。短時間でも集中すること、そして合間に適切な休憩をはさむことで、非常に効率よく勉強できるはずです。

ポモドーロ・テクニックは、そのためのスマホアプリも出ていますので、興味がある人はダウンロードしてみてもいいでしょう。

ポモドーロ・テクニックを使って毎日勉強することは、勉強の効率アップだけでなく、集中力を高めるトレーニングにもなります。

資格試験の本番は、普段と違う環境とプレッシャーによって、なかなか集中できません。試験に集中できなければ、問題文の重要なキーワードを見落としてしまったり、問題文を誤読したりして、思ったように点数が伸びなくなってしまいます。

なによりもったいないのは、本来は理解できているはずの問題を集中力の欠如によってミスしてしまい、点数が取れずに不合格になることです。

普段の勉強から、雑念を振り払って集中するトレーニングを積んでおくことで、本番でも高い集中力を発揮できるのです。

その訓練の一環としてポモドーロ・テクニックはきわめて有効ですので、日々の勉強にぜひ取り入れてみてください。

ポモドーロ・テクニックの要諦は、5分の休憩を挟むことにあります。

適度な休憩時間を設けることは、集中力を維持するためには欠かせません。

本試験でも、集中力が切れてしまったときにどのように立て直すのかという対処が求められることがあります。

特に午前・午後の1日を通じて行われる試験や、2、3時間といった長丁場の試験では、集中力が切れたときの対応が重要です。

本試験で5分の休憩は長すぎますが、30秒から1分程度、短時間でも休憩して心身を落ち着かせて、再び集中力を高めるといったことが必要になる場合もあります。

長時間の試験で最後まで自分の力を出し切るためには、あえて戦略的に休憩するタイミングもいるのです。

普段から、集中する時間と緩める時間（休憩）のメリハリを意識した勉強を心がけることで、本試験でもベストパフォーマンスが発揮できるのです。

【コラム】

長期受験生きりじゅんの時間管理勉強法

序章でも触れましたが、私が司法書士試験を受験していたときは、司法書士事務所で補助者として働いていました。私も働きながら勉強する社会人受験生だったのです。

最初の事務所は多忙すぎて勉強どころではなくなってしまい、結局辞めることになりました。

そして二つ目の事務所は大変に恵まれた環境で、「仕事が終わったら帰ってもいい」「仕事中でも空いた時間は勉強してもいい」と、受験生の私を皆さんが応援してくれたのです。

社会人受験生といっても、他の事務所に勤務する方や、企業勤めの方と比べると、勉強時間は確保できるようになりました。

そのように恵まれた環境で、私が仕事をしながら合格できたときのスケジュールを少しご紹介します。

【出勤前】

朝はなるべく早起きして、出社する前に2時間ほど自宅で勉強しました。

主に暗記モノ（民法の親族相続法、会社法、その他マイナー科目）が中心でした。

【仕事中】

司法書士事務所の主な業務である登記申請は、当時は法務局に出向く必要がありました。

また登記が終わると書類を回収しにまた法務局に行かなければなりません。

法務局が遠方のこともあり、移動時間が多くかかりました。

当時は過去問集を常にカバンに入れておいて電車のなかで解いたり、あるいはテキストを読んだりしていました。

その日の業務にもよりますが、仕事中のスキマ時間で30分～1時間程度の勉強時間が確保できたと思います。

【退勤後】

仕事が終わったあとは、電車で予備校の自習室まで行き、2時間ほど勉強してから帰宅するようにしました。予備校は静かな環境でしたので、集中して取り組むような科目を中心に勉強しました。

以上が平日の大まかなスケジュールです。平均して4時間程度は勉強していました。

土日は一日中、勉強にあてました。自宅では集中できないため、予備校の自習室にこもって勉強したものです。土日は平均して1日10時間は勉強していました。

二つ目の事務所に就職してから、このような勉強リズムを確立でき、合格できたのです。みなさんも難関資格試験を目指すのであれば、自分の勉強時間を確保できる環境をまず整えることが大切です。

そして本章で述べてきた時間管理勉強法を活用して、合格までに必要な勉強時間を確保できるように、1日、1週間、1カ月とそれぞれのスパンで計画を立てるようにしましょう。

第4章

合否の鍵を握るのはココ！
「健康管理勉強法」

甘くみてはいけない「健康管理」

資格試験に短期合格するための秘訣が、勉強時間の確保と勉強の効率化であることはこれまで述べてきた通りです。

そのうえで、さらに大事なことがあるのです。

それは「健康管理」です。

「そんな当たり前のことを言うな！」

と思うかもしれませんが、私が見てきた中でも結構多くの受験生が、健康管理をおろそかにして失敗し、不合格になって悔しい思いをしていました。

実は私もそのひとりなのです。

私の「しくじり体験」については後ほど触れますが、健康管理の大切さについては声を大にして伝えたいところです。

仮に、試験当日に体調を崩してしまいベストパフォーマンスを発揮できなければ、一年間の苦労が水の泡になってしまうのです。

逆にいえば、普段から健康管理を軽視している受験生ほど、試験前のラストスパートで無理をしてしまって体調を崩すというパターンもあるのです。

資格試験の勉強中に、健康管理に気をつかう必要などないと思う人もいるかもしれません。しかし、試験本番で力を発揮できるかどうかだけではなく、普段から健康管理を徹底することで、勉強内容が脳に定着しやすくなり、短期間で実力アップができるのです。

特に、時間との勝負である社会人受験生ほど、健康管理は大事になります。

この章では健康にスポットをあてて、短期合格するための秘訣を探っていきましょう。

健康管理と時間管理の密接な関係

私が健康管理の重要性を訴えるのも、次のような事実を見てきたからです。

- **短期合格者は健康管理を意識する**
- **長期受験生は健康管理を意識しない**

そして、本章で扱う健康管理は、前章の時間管理とも密接に関係しています。ダラダラと効率の上がらないままに長時間勉強していると、睡眠不足や疲労がたまって体調を崩してしまいます。

そして体調がすぐれないままにどれだけ勉強をしても、効率は上がりません。

健康管理と時間管理は自動車の両輪であり、両方ができていないと悪循環に陥ってしまうのです。

合格を目指すのであれば、「自分は1日何時間なら無理なく勉強できるのか」ということを、しっかり意識する必要があります。

短期合格者は、時間の使い方が上手です。効率よく勉強するためにどうすればいいかを常に考えていますので、計画した時間どおりに勉強をして、健康的な生活を送ることができるので、試験日までベストコンディションで走り切ることができます。

長期受験生、とりわけ専業でやっている受験生の多くは、時間の使い方があまり上手ではありません。夜遅くまで長時間勉強するので、翌朝なかなか起きることができず、勉強計画も狂ってしまう。生活リズムが乱れることで、ベストコンディションといえない状況で試験日を迎えてしまうのです。

特に、試験日が迫ってきた追い込みの時期は、多少無理をしてでも長時間勉強して詰め込もうとするのが受験生の自然な感情です。

そんなときに、1日でも体調不良で勉強のノルマをこなせない日があれば、とたんに計画が崩れ、予定通りに試験範囲を消化することができないままに本試験を迎えてしまう、といったケースもあります。

私はよく資格試験受験生と思われる人のSNSなどを観察していますが、そのなかには試験直前期に体調を崩したりケガをしたりといった理由で、「今年の試験は諦めて来年の合格を目指します」などという投稿を見かけることもあります。

投稿内容の真偽のほどは定かではありませんが、日々の健康管理の重要性をあらためて認識させられます。

資格試験の勉強をしっかりすることは大前提として、自分自身の健康のことも意識して受験生活を送れるかどうか。それは短期合格のためだけでなく、生活全般に影響する、重要なポイントとなります。

私も6回にわたって司法書士試験を受験してきました。実は4回目か5回目の受験までは、ほとんど健康管理のことは意識していなかったというのが正直なところです。

6回目の挑戦に入ったころから健康管理への意識を強めていき、勉強のリズムを朝型に変えていきました。生活全般を見直して試験勉強に取り組んだ結果、6回目で晴れて合格できたのです。

日々の健康管理こそが、合格へと直結しているということを、資格試験受験生はもっと強く意識すべきなのです。

睡眠時間は「六当五落」

「四当五落」という言葉を聞いたことがありますか？

昔は大学受験の際に、よく使われた言葉です。

睡眠時間が4時間なら合格（四当）、5時間なら不合格（五落）という意味です。

睡眠時間を4時間まで切り詰めて勉強する人は合格して、5時間も寝ているような人は不勉強だから落ちる、といわれていた時代がありました。

しかし現在では、睡眠についてもさまざまな研究が進んできました。「四当五落」のような考え方で睡眠時間を削っていては、かえって勉強の効率が上がらず、むしろ逆効果になるということもわかっています。

私の考えとしては次のようになります。

- **短期合格者は「六当五落」で勉強している**
- **長期受験生は「四当五落」で勉強している**

つまり、睡眠時間を6時間確保できている人は合格し（六当）、5時間以下の人は不合格になる（五落）、と考えているのです。

最近の研究では、睡眠時間が6時間以下の人は、それ以上の人に比べて病気になるリスクは格段に上がるということもわかってきました。

実は6時間睡眠でも本来は足りないくらいなのです。

6時間睡眠を14日間続けると、48時間徹夜したと同じ程度の認知機能になってしまいます。また別の研究では、6時間睡眠を10日間続けただけでも、24時間徹夜したと同じ程度の認知機能になってしまうという研究もあります（参考：樺沢紫苑著『ブレイン メンタル 強化大全』サンクチュアリ出版）。

毎日6時間睡眠を続けている人は、実質的には「毎日徹夜明けと同じ状態で勉強している」ことになり、それでは勉強のパフォーマンスも上がらないでしょう。

本来であれば7時間以上の睡眠時間がほしいところですが、まずは最低でも睡眠時間を6時間確保することを前提として、日々の勉強時間を捻出するようにしてください。

ましてや、睡眠時間が4時間以下しかとれないというのでは、いずれ体調を崩して試験勉強どころではなくなってしまいます。

「四当五落」ではなく、「六当五落」が令和の常識ですので、意識しておきましょう。

もちろん、適切な睡眠時間は人によって異なります。

自分にとって適切な睡眠時間を測りたければ、普段通りの生活リズムと睡眠時間で、朝からバリバリ仕事や勉強できているかどうかを確かめましょう。

朝から精力的に活動したうえで、昼食後も眠気がおそってくることもなく集中でき、仕事や勉強が効率よく進められる実感があるなら、あなたの睡眠時間は適切だといえます。

しかし、多くの現代人はそうではありません。

朝は通勤電車でラッシュに巻き込まれて、会社につく頃にはクタクタに疲れてしまう。なんとか午前中を乗り切っても昼食後には耐えがたい睡魔に襲われる。そして仕事の効率は上がらず、定時になっても帰宅できずダラダラと残業する…。

そんな疲れ切った状態では、資格試験の合格は望めません。もし短期合格を目指すのであれば、まずは睡眠時間から見直すようにしましょう。

とはいえ、「1日の睡眠時間は最低6時間」というところから逆算して考えてみると、勉強時間を確保するのは意外と難しいことに気がつくのではないでしょうか。第3章「時間管理勉強法」のところで紹介した、スキマ時間やスマホの活用などを駆使して、工夫しながら日々の勉強時間を確保してください。

睡眠時間を削って勉強することは、特に社会人受験生には生活全般に致命的な悪影響をおよぼす結果になりかねません。

また専業でも長期受験生になるほど、時間の感覚が鈍ってしまい、昼夜逆転の生活になったり、睡眠時間が短くなったりしがちです。

最低でも6時間の睡眠をとらなければ、脳のパフォーマンスは下がり、勉強も頭に入らないことを肝に銘じましょう。

資格試験の勉強に際して、最重要な「6時間の睡眠時間を確保する」というところから逆算して1日の計画を立ててください。「急がば回れ」という言葉の通り、遠回りに見えてそれが合格への一番の近道なのです。

朝散歩で勉強効率を上げる

「軽い運動が勉強効率を上げる」

こうした話をすると、多くの受験生はこういう反応を返してきます。

「運動なんかする時間はありません」

「そんな時間があったら勉強時間にあてたい」

私も自分の受験生時代を振り返れば、その気持ちはよくわかります。

しかし実際に、勉強ばかりしていると、心身に疲れが溜まってしまいます。その状態をずっと続けていると、勉強効率も悪くなるのです。

そのため、効率よく勉強する短期合格者ほど、日常生活に軽めの運動を取りいれている人が多いのです。

- **短期合格者は「朝散歩」など軽めの運動をしている**
- **長期受験生はまったく運動せずに机にかじりついている**

軽めの運動というと、ウォーキング、ランニング、筋トレ、ヨガなど、さまざまなものが思い浮かびますが、特におすすめなのは「朝散歩」です。

朝散歩のやり方はいたって簡単です。

朝、起床してから1時間以内に、15〜30分程度の散歩をするのです。時間がなければ10分程度の短い時間でも効果があるとされています。

本書でもたびたび取り上げてきた精神科医の樺沢紫苑先生は、『精神科医が教える ストレスフリー超大全』(ダイヤモンド社)などの著書でも朝散歩の効能について述べており、「精神科医としておすすめの最高のモーニングルーティン」「メンタルにおける最強の健康法」と絶賛されていました。

朝散歩の効能としては「セロトニン分泌」「ビタミンD生成」「体内時計のリセット」などが挙げられます。

朝、身体にセロトニンを浴びることで、「癒やし」「やすらぎ」を得られ、感情が安定するという効果があります。セロトニンが低下すると「うつ傾向」をもたらすので、そうしたメンタル不調を防ぐ意味もあるのです。

また、体内時計のズレをリセットできるので、眠たくなる時間にしっかり眠ることができ、睡眠の質が向上して健康になれるのです。

試験勉強をしていると、同じ姿勢でイスに座っている時間が長くなるので、腰痛や肩こりに悩まされる受験生も多いでしょう。散歩は全身を動かすので、硬くなった身体をほぐすにはもってこいです。

なお、朝散歩をする際に注意することとして、散歩をしながら耳でテキストを聴くといった「耳学」は、しない方がよいです。

朝散歩するときは、歩くことに集中して、他に余計なことを考えないようにしましょう。資格試験の受験生は、同じ毎日の繰り返しや将来への不安から、どうしてもイライラが募ってしまうものです。朝散歩の際はあえて勉強から離れて散歩に集中することで、心身がリラックスし安定するのです。

散歩同様に、勉強で凝り固まった身体をほぐすストレッチも生活に取り入れていきましょう。ストレッチであれば、自宅にいながらでも、また職場の休憩時間などでも気軽に行うことができます。

肩こりや腰痛を抱えていると、勉強していても効率は上がりませんし、脳に記憶が定着しません。

日々の生活に軽めの運動を取り入れることは、受験勉強の効率アップのためには欠かせないのです。

とはいえ、あくまでも受験生の本分は資格試験の勉強です。本格的な運動をして疲れてしまったり、ケガをするなどということがあっては本末転倒です。身体に負担のかかるハードな運動は勉強への悪影響があるので、試験勉強をしている期間は避けておきましょう。

そして可能であれば、月に1回程度はマッサージや整体など、専門家の手を借りて身体のメンテナンスをすることをおすすめします。

私も受験生時代から、月に1回はマッサージに通っていました。マッサージしてもらうとリラックス効果があり、頭もリフレッシュできます。また、硬くなった筋肉をほぐしてもらうことで、腰痛や肩こりも緩和できます。

身体のどこかに痛みを抱えながらでは勉強にも集中できませんし、試験本番でも実力を発揮できません。自分なりのサイクルで身体のメンテナンスを行っていきましょう。

ストレスは溜めずに、そのつど解消

短期合格を目指すには、心身ともの健康管理がなによりも大事です。

身体のメンテナンスについては前項で触れた通りですので、ここでは「心のメンテナンス」という意味で、日々のストレスを軽減させる方法について述べます。

逆算メソッド勉強法に則って、試験日という目標から逆算して勉強計画を立てていったとしても、実際にはなかなか計画通りに進まないこともあるでしょう。

受験生も人間ですから、計画通りに勉強が進まないと、どうしてもイライラしてしまうものです。そこに仕事の忙しさが加わったりすると、さらにストレスがたまってしまいます。

ストレスをいかに解消するか、あるいはストレスといかにつき合っていくかは、数カ月から数年にわたって勉強を続ける資格試験受験生にとっては切実な問題です。

まず大事なのは、毎日、生じるストレスをすべて解消することは難しいということです。日々の生活や仕事でもストレスが溜まり、さらに資格試験の勉強でストレスが溜まるということになるので、普通の人よりもストレスの総量は多く、一度にすべてを解消するのは不可能なのです。

そのうえで、自分が抱えているストレスをなるべく軽減しつつ、うまくやりすごしながらつき合っていく、というスタンスが求められるでしょう。

私がやっていたストレス解消法としては、まず前述の朝散歩があります。

それとは別に実践していた方法として、「今、自分が抱えているストレスの要因はなにか」を、箇条書きで紙に書き出すということをやっていました。

それも、可能な限り具体的に、詳細に書きます。

例えばこんな感じです。

【今、自分が抱えているストレスの要因】

・このまま勉強していても資格試験に合格できるのかが不安
・資格をとったあと仕事はあるのかわからない
・予備校の授業料を月末までに払わなければならない
・明日の仕事が忙しそうで憂鬱
・職場で上司との人間関係がうまくいっていない

・腰痛がつらい
・計画通りに勉強が進んでいない……ｅｔｃ

誰に見せるわけでもありませんので、自分が抱えているストレスの要因を、まずは紙に書き出してみてください。

人間は生存本能によって、「よくわからないもの」に対して過剰に不安がる性質をもっています。ストレスも、自分の頭の中でモヤモヤしているうちは、その実態がよくわからないままなので、過剰な不安を覚えてしまいがちです。

ストレスの要因を紙に書き出してみることで、「よくわからないモヤモヤしたストレス」が、「一つひとつのタスクの集合体」のように変わります。自分のストレスを客観的に見ることができるのです。

書き出したストレスの要因には、解決に時間がかかるものもあれば、すぐに解消できそうなものもあるでしょう。

解決に時間がかかる問題については、仕方のないことだとしていったん受け入れるしかありません。

そして、すぐ解決できそうだったり、具体的にやるべきことが明確な問題について、速やかに対処しましょう。

先の例でいえば、「予備校の授業料を月末までに払わなければならない」というストレスに対して、「払わなければいけない授業料はいくらなのか?」「自分の口座預金は現在いくらなのか? 授業料は払えるのか?」「払えないとしたら、親に借りるべきか?」と、具体的に対処すべき事柄が見えてきます。

あるいは「腰痛がつらい」のであれば、マッサージの予約を取ることで、解消への道筋が見えてきます。

すぐに解消できそうなストレスの要因を、いくつか潰していくだけでも達成感がありますので、ストレスがかなり軽減されるのです。

資格試験の勉強は、精神的に強い人であっても、長期間のうちに意外とストレスが溜まってくるものです。ストレスをたくさん溜めこんで爆発してしまい、「もう勉強なんかやめた!」となってしまっては、元も子もありません。

限界に達する前に、日々、解消できるストレスは少しずつでもクリアにしていきましょう。自分が抱えているストレスの存在を俯瞰し、客観的に見つめることは、試験勉強を続けていくうえでも非常に大切な姿勢なのです。

試験直前期で最も大事なこと

どのような資格試験でも、試験直前期の過ごし方というものがあります。

試験の中身によっても異なりますが、だいたい1週間から1カ月前、難関で数年単位の勉強が必要になる長丁場の試験なら3カ月前からを「直前期」と考えてください。

この直前期の過ごし方によって、合否にも大きく影響が出てきてしまいます。

これまでに勉強した蓄積以上に、健康管理や精神面でのコンディション維持もしっかり考えて直前期を過ごさなければ、試験の結果が変わってきてしまいます。

直前期の過ごし方で大事なことは、試験本番にいかに体調面を「ピーク」にもっていけるかということです。

ピークとは、「頭の回転も体調も最高潮の状態」のことです。本試験のまさにその当日に、ピークの照準を合わせることができるのかどうかが、合否にも影響します。

長期受験生の多くは、ピークを試験日にもっていくということを意識せず、ただひたすらに追い込んで勉強して当日を迎えているようです。

試験直前に、「勉強が間に合わない」と焦る気持ちをもつのは、受験生であれば誰もが共通だと思います。当日も、「完璧に合格できる実力を身につけた」と自信満々で会場に向かう受験生など、ほとんどいないでしょう。

誰もが不安と緊張を抱えながら過ごすのが試験直前期です。だからこそ、焦って勉強を追い込んで体調を崩しがちですが、それは試験で実力が発揮できないので最も避けるべき事態です。

体調のピークを当日に合わせることを最優先の課題として、試験日までの勉強計画を見直し、残り日数と進捗状況を見ながら、無理のないペースで当日まで走っていけるように調整するのです。

試験日はあらかじめ決まっているのですから、そこから逆算してピークを当日にもっていけるように、直前期の過ごし方を工夫していきましょう。

試験時間に合わせて過去問を解く

試験本番に体調のピークをもっていくために有効なのは、直前期に試験時間に合わせた勉強や生活のリズムを作ることです。

・短期合格者は勉強とともに試験時間に合わせて健康管理をする
・長期受験生は勉強するが試験時間に合わせた健康管理をしていない

「試験時間に合わせて勉強する」というのは、健康管理でもあり時間管理でもあります。例えば開始時間が午前10時で、2時間の試験だとします。するとと本試験から逆算すれば、10時にベストの状態で臨めるように体調をもっていかなければいけません。そのために直前期は朝型の生活リズムに変えて、朝食の時間も試験を想定して決めておくべきでしょう。

勉強に専念できる環境であれば、直前期は試験と同じ時間帯に年度別過去問を解いてみる方法をおすすめします。

この場合、午前10時から年度別過去問をはじめるのです。

そして本試験が2時間なら、あえて短めの1時間30分に制限時間を設定して解くのです。試験本番は緊張や不安で、普段通りの力が発揮できないかもしれません。

それを想定して短めの時間で過去問を解いておき、「焦って少し時間をロスしても大丈夫」という感覚を自分の身につけておくのです。

本試験が2時間なら、その2時間は全身全霊で問題と格闘しなければいけません。そのための体力と集中力は、当日に試験会場でいきなり発揮できるものではなく、普段の勉強で培っておく必要があります。

同じ時間に、年度別過去問を短めの時間で解いておくことは、体力と集中力のピークを本試験にもっていくために最良のトレーニングとなります。

また過去問を解くだけでなく、やってみたことによる気づきをメモしておくといいでしょう。メモする内容は、問題の中身に関することはもちろんですが、自分自身の体調や精神状態なども大切な情報です。

短めの時間で過去問を解くと、自分が焦りやすい性格なのかどうか、焦ったときにどういったミスをしがちなのかなども把握できます。

私の場合は、焦ると問題文をしっかり読まずにミスをする傾向があると気がつきました。本試験に臨む際には、自分が陥りやすいミスを防ぐ方法を意識して挑んだのです。

自分がミスするパターンを事前に把握しておくだけでも、本試験での敗因を大幅に減らすことができるでしょう。

短期合格者は、こうした時間の感覚を常に意識しています。そして試験時間に合わせてピークをもってくる調整ができるのです。

長期受験生は本試験から逆算する意識が薄いので、直前期も単純な詰め込み式で勉強して、試験時間にピークを合わせる準備もおろそかにしてしまうのです。

試験時間を意識した勉強は、健康管理の面からも非常に重要です。

勉強時間が多ければ多いに越したことはありませんが、非効率なやり方で勉強時間だけが長くても、実力がつかないばかりか、かえって健康面でのマイナスが本試験でも悪影響を与える可能性があります。

直前期ほど、試験時間を意識した勉強計画を立てるようにしましょう。

合否を分ける試験前1週間の過ごし方

試験前の1週間、いわば「超直前期」であるこの時期の過ごし方は、大げさではなく合否が決まるほどの影響が出ます。

本試験1週間前ともなれば、緊張感はマックスに高まり、勉強が手につかなくなる人もいます。頑張って机に向かって勉強してみても、なかなか頭に入らないという状態なのです。

今まで順調なペースで勉強してきた人でも、直前の1週間は緊張のあまり過ごし方がガラリと変わってしまうこともあるでしょう。

資格試験にかけてきた時間や費用、そして情熱がある人ほど、精神的につらい1週間となるのです。

また、1週間前にもなるとほとんどの場合、予備校の授業もありません。そのため勉強も生活も自己管理が求められます。

社会人受験生では、試験前の1週間に有給休暇を使って休みにする人もいます。普段は仕事で忙しかった人が、いきなり時間ができるわけです。自己管理をきちんとしないと、かえって1週間をムダに過ごしてしまいます。

ポイントとしては、試験前1週間にやるべき勉強内容を事前に決めておくことです。

いざ1週間前になってから「なにをしようか」と考えはじめても、緊張や不安で冷静に物事を判断するのが難しい時期です。そのため、1週間前にやるべきことは、あらかじめ決めておきましょう。

やるべき勉強を決めておけば「これさえやれば計画通りだ」と平静な心境を保つことができます。逆に、やることを決めておかないと「どうしよう、どうしよう」と落ち着かないですし、かえってイライラして不安を募らせることになります。

試験前1週間でやるべき勉強内容は、なるべく絞り込んでおきましょう。下手に勉強範囲を広げようとしても、今から新しく知識を定着させるのは難しいです。それよりも、学んだ内容を確実に得点にできるような準備をしていきましょう。

とにかく、無理をしないこと、必要以上に自分を追い込まないこと、そして健康管理を優先して、やるべき勉強内容を決めるようにしてください。

【コラム】

長期受験生きりじゅんの健康管理勉強法

私が健康管理の重要性を意識するようになったのは、司法書士試験を4回目に受験したときの「しくじり体験」があったからです。

4回目の受験の直前期のことです。この年は今まで勉強してきたなかで、一番手応えを感じていました。

「このままのペースで淡々と勉強していけば大丈夫、試験当日までやっていこう！」

私はこのように考えていました。

当時、司法書士試験の公開模試が、本試験の2週間前に行われていました。

公開模試の出来もよく、「あとは弱点をしっかり潰していけばOKだな」と考えながら、平常心で勉強を続けていたのです。

予定通り勉強は順調に進んでいき、「今年こそなんとか合格できそうだ」と思っていたときに、大きな落とし穴が…。

試験日の1週間前に、心身ともにピークを迎えてしまったのです。

つまり、「ピークをいつにもっていくか」の設定を間違えてしまったのです。

試験日の1週間前に、心身ともに一番脂の乗り切った状態になってしまいました。

「ああ、今日が本試験だったらよかったのに!」

それから試験日までの1週間、気持ちを維持するのが非常に大変でした。

徐々にしんどくなってきて、疲れも溜まってきてしまい、勉強しても頭に入らなくなってきたのです。

そして本試験の当日。

疲れが溜まっており、心身ともにピークの状態には程遠い状態で、試験自体もグダグダでした。そして、司法書士試験の午前の部、択一式試験で基準点に達することができず、足切りをくらうという散々な結果だったのです。

心身のピークをどこにもっていくか。

ここがうまくいかないと、緊張の糸がプツンと切れた状態で肝心の本番に臨むことになってしまうのです。

おそらく私の場合、公開模試に照準を合わせすぎたことで、ピークが本試験1週間前に来てしまったのかもしれません。

その後、短期合格者の方々と出会い話をするなかで、本書で紹介してきた逆算メソッドの原型になるような勉強法を教えてもらいました。

結局、この年に不合格だったことは、いい経験でした。

翌年の5回目の受験では、本試験に照準を合わせることを強く意識して、2週間前の公開模試は「この程度までできていれば大丈夫」と、あくまでも本試験の準備であることを意識して勉強するように切り替えました。

5回目は合格はできませんでしたが、初めて基準点を突破しました。

そして翌々年、6回目の挑戦で、ようやく司法書士試験に合格することができたのです。

どの資格試験でも同じですが、心身のピークを試験日にもっていくことを強く意識することが大切です。

本書を読んでいただいている方は、私の失敗を反面教師にして、ピークを試験日に合わせられるように心身の健康管理に取り組んでください。

第5章

最後は心の在り方！
「メンタル管理勉強法」

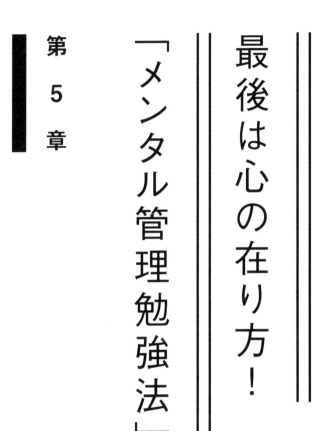

短期合格を実現するメンタルとは

資格試験の勉強をしている最中は、「どうやったら合格できるか」で頭がいっぱいだと思います。

しかし最も大事な視点は、

「試験に受かったら、この資格を使ってどのようにビジネスを展開していくのか」ということです。

「なんのために資格試験を受験するのか」という柱を自分のなかに確立できていなければ、目的意識をもって能動的に勉強することができないからです。

受け身の姿勢でズルズルと受験勉強を続けていても、難関資格の合格は期待できませんし、あげくの果てに長期受験生の仲間入りです。

資格試験の長期受験生になってはいけない理由は、お金と時間がムダになるというだけではありません（もちろんそれも大きな理由ですが）。

試験範囲となる法律や制度は、数年おきに法改正などで変わってしまうことがあります。

法律分野でも特に民法や商法は社会の変化に合わせて頻繁に改正があります。

すると、出題される問題のパターンや問われる論点も変わりますから、受験生はまたゼロから対策を練る必要があるのです。

ですから、資格の取得を目指すのであれば、なにがなんでも短期間で合格しなければいけません。その強い気持ちをもってください。

そして、短期合格を果たすと、試験勉強のプロセスで身につけた自分なりの勉強法や時間管理術などが、そのままビジネススキルとして大いに力を発揮するのです。

本章では短期合格のために必要なメンタル面の要素について、

①試験勉強中
②試験当日
③試験終了後

この3つの時期に分けて解説していきます。

メンタル管理勉強法その1【試験勉強中】

私が司法書士試験の受験生だったときに、ある短期合格者の方から話を聞く機会がありました。

その方は、試験勉強をはじめた当初は仕事をしながらの社会人受験生でしたが、勉強をするうちに「この試験に自分の人生を賭けたい」「一気に短期合格したい」という気持ちになり、仕事を辞めて受験に専念する決断をしたのです。

当然、収入はゼロになります。社会的には無職ですから、周囲からの視線に恥ずかしい思いもしたそうです。まさに「合格しなければ後がない」という状況になり、プレッシャーも一層かかります。

そうやって自分を追い込んで、合格だけを考えて勉強に集中し、2回目の挑戦で見事に司法書士試験に合格されました。

現在、その方は実務でご活躍されています。

- **短期合格者は早く合格することだけを目指して効率よく勉強する**
- **長期受験生は「資格試験の評論家」になってしまう**

逆算メソッド勉強法では、とにかく合格という目標から逆算し、試験日までの残り日数を意識して、勉強していくことの重要性を強調してきました。

月間でどこまで勉強するか、直前期になにを勉強すべきか、試験日にピークにもっていくためにどうするのか…。

すべて合格から逆算するのが短期合格者に共通する意識です。

短期合格者ほど合格からの逆算を強く意識し、「落ちたら後がない」というくらいに自分のモチベーションを高めて、一気に試験日まで走り抜けています。

自分の逃げ道を断つことで、合格するためのメンタルを作り上げているのです。

しかし長期受験生になるほど、模試や予備校の情報だったり、講師個人のことだったり、参考書の違いだったりと、合格に直結しない細かい知識ばかりが増えていくのです。

いわば「資格試験の評論家」「資格試験オタク」になってしまうのです。これは注意すべき落とし穴です。

仕事を辞めるかどうかは個人の事情もありますので、正しい答えを一概に出すことはできません。私自身は働きながらの受験で合格することができました。

しかし、「落ちたら後がない」というくらいに自分を追い込むことは、短期合格のためにはどこかで経験しなければいけないステップであることに間違いありません。

完璧でなくても合格できる

自分を追い込むことは大事ですが、それは「自信を失って不安になる」ということではありません。

むしろ短期合格者ほど、はたから見れば根拠のない自信に満ちあふれているものです。

- **短期合格者は完璧ではなくても合格できる自信がある**
- **長期受験生は完璧でないとどんどん不安になる**

短期合格者は、本試験で合格することだけを目標にして、そこから逆算して日々の行動を組み立てています。そのため、途中経過が仮にうまくいっていなくても、逆算メソッドに照らし合わせて問題なく進捗していれば、細かいことは気にしないのです。

ゴールだけを見ているので、メンタル面ではむしろ安定します。

長期受験生は、本試験以外の細かいことに気をとられすぎて、どんどん不安になってしまいます。

典型的な例として、長期受験生は公開模試を必要以上に重視してしまいます。前章で失敗談を記した通り、私もその落とし穴にハマった一人でした。

公開模試にピークをもってきて良い点数をとっても、本試験で力を発揮できなければ不合格になるだけです。

逆に、本試験近くになって受けた公開模試の結果があまりよくなかっただけで、「やっぱり受験は来年にしようか」などと弱気になってしまう人もいます。それでは試験を受ける前から負けたも同然でしょう。

公開模試はあくまでも模試であり、本試験ではありません。模試の結果に一喜一憂せず、あくまでもゴールである本試験から逆算して、日々やるべき勉強を淡々とこなしていきましょう。

実のところ、本試験で「自分は完璧に合格できる」という100パーセントの確信で臨める人はほとんどいないでしょう。

誰もが少なからぬ不安を抱えて試験会場に向かうのです。

しかし、「完璧でなくても合格できる」と開き直るのか、「完璧でないから不合格かもしれない」と臆病になってしまうのか。メンタルの強さが問われるところです。

資格試験は100点満点を取る必要はありません。合格点より1点でも上回っていればそれだけで合格できるのです。合格点が7割なら7割以上、8割なら8割以上取ればよいのです。

「自分は合格点以上ぐらいなら取れるだろう」

このぐらいの自信がもてるように、逆算して準備を積み重ねていきましょう。

私の経験でも、人並みに勉強を積み重ねたうえで「合格点は取れる」と自信をもって臨めた試験は合格していますが、「落ちても記念受験だからいいや」などと思っているとその通りに不合格になってしまいました。

資格試験受験生は学者ではないので、完璧を目指す必要はまったくありません。

「合格ラインだけを超えればいい」という、強気の姿勢で臨むようにしましょう。

メンタル管理勉強法その2【試験当日】

いよいよ迎えた試験当日。

試験会場にいくと、資格試験予備校のスタッフが、解答速報会のお知らせや予想論点表を配布している光景が目に入って来るでしょう。

予備校の配布物を受け取るかどうかですが、私は受け取りませんでした。

・短期合格者は試験当日、予備校の配布物を受け取らない
・長期受験生は試験当日、予備校の配布物を読む

「こんなものを当日読んで悪あがきしても仕方がない」

そんな思いがあったので、私は受け取らなかったのです。

当日になって予想論点をもらっても、仮に自分がやっていない論点であれば「しまった、この論点はつぶしていなかった」と不安になったりして、メンタル面ではかえって逆効果になりかねないからです。

さらにいえば、当日に試験会場でなにをするかはあらかじめ決めておくべきです。前もって決めておいた行動を当日その通りに実行することで、メンタルが安定します。いきなり渡される予備校の資料を読むという、予定外の行動をすべきではありません。

短期合格者は、試験当日の過ごし方をあらかじめ考えているので、その計画に沿って当日を過ごしています。

長期受験生ほど、試験当日に配られる資料を会場で読んでしまいます。それは、予備校の情報に頼って精神的に安定したいという、他力本願の気持ちの表れでもあるのです。その時点ですでに合否は決しているといっても過言ではありません。

試験当日、どんな人でも精神的には非常にナーバスになります。会場全体もピリピリとしたムードが漂っています。

会場の雰囲気に圧倒されて自分を見失わないためにも、前もって決めておいた行動をその通りに実行するのが精神的な安定を保つ、一番有効なやり方でしょう。

試験中に焦ったら深呼吸

資格試験とは「時間との戦い」といわれます。

難関資格であればあるほど、試験中ずっと集中力を維持していなければ合格点には達しないのも事実です。

そうはいっても、長丁場の資格試験の場合、どこかで集中力がプツンと切れてしまう瞬間があるものです。

無我夢中で試験問題に取り組んでいても、やや感触が悪い。そんなときに「今年もだめかもしれない…」という悪魔の囁きが聞こえてきたりします。

長期受験生であればあるほど、悪魔の囁きが重く心にのしかかるのです。

そんなときは一度、深呼吸をして気持ちを落ち着かせましょう。

少し時間のロスになりますが、気にしないでください。深呼吸することでいったん気持ちもリセットでき、新たに仕切り直して試験に臨むことができます。

たいていの資格試験は、2時間から3時間といった長時間になります。中には午前と午後にわたって行われる試験もあれば、数日におよぶ試験もあります。

長丁場の試験は、精神的に崩れると立て直すのが大変です。午前の失敗を午後に引きずってしまう、あるいは1日目の失敗で2日目も不安で力が発揮できない。そんなことでは、せっかく勉強してきた中身をアウトプットできず、非常にもったいない結果になります。

終わったことにくよくよしてはいけません。

午前の失敗は午後に挽回、1日目の失敗は2日目に挽回すればいいのです。むしろ「取り返すチャンスが来た！」と喜ぶぐらい、最後まで諦めないメンタルの強さをもちたいものです。

焦ったり、不安にさいなまれたら、とにかく一度深呼吸をして気持ちをリセットさせる習慣を身につけておきましょう。

また、午前と午後で丸一日行われる試験の場合、昼休みがあります。

この昼休みをどう過ごすかも大事なポイントです。

避けた方がいいのは、昼休みに受験生仲間や、同じ会場にいた他の受験生と話すことです。

なぜ避けた方がいいかというと、午前の試験の話題になった際に、「ある問題の答えが人と違った。私はやっぱり間違えてしまった」などと、終わった試験に対して不安を覚える結果になりがちだからです。

昼休みに不安になってしまったまま午後の試験に突入しても、頭のなかは午前の試験で間違えた（かもしれない）問題でいっぱいで、ベストパフォーマンスが出せる精神状態ではなくなっているでしょう。

昼休みは、可能な限り自分だけの時間にすることが合格の秘訣です。

午前の試験で書いた答案はどうあがいても変えることはできません。それは過ぎたことだと割り切って、午後の試験に向けて気持ちを切り替えていきましょう。

そのためにも、昼休みは自分だけの時間を確保して、メンタルを平静に保つ努力をすることが短期合格への道となります。

メンタル管理勉強法その3【試験終了後】

ようやく本試験が終わりました。

そのときあなたは、精魂尽き果ててグッタリしていることでしょう。

さて、試験終了後には資格試験予備校が解答速報や解説会を催しています。

それらに参加して、自分の解答と照らし合わせて「自己採点」をするかどうか、という問題があります。

・短期合格者は自己採点をしてすぐに勉強を再開する

・長期受験生は自己採点をせず合格発表までの時間をムダにする

私は受験生時代、試験当日はグッタリと疲れていたため、その日はゆっくり身体を休めるようにしていました。

そして翌日以降に自己採点して、解答と解説を聞くのです。

当日にやるか、あすいは翌日以降にやるかという違いはありますが、いずれにしても自己採点は早めに行った方がよいです。

結果がどうであれ、過去はもう変わりようがない事実です。その事実を踏まえて次のステップに早く進むためにも、自己採点が必要になります。

自己採点をせずにオフィシャルな合格発表を待っていると、あっという間に1、2カ月は経過してしまいます。

その間は落ち着かないのでまともに勉強できないでしょうから、1、2カ月分の穴ができてしまうのです。2カ月もの間まったく勉強しなければ、再びハードな試験勉強に戻るのは至難の業といるでしょう。

私の場合、4回目の司法書士試験まで、自己採点はまったくやってきませんでした。自己採点で不合格がわかってショックを受けるのが怖かったのです。

しかし、合格を目指すのであれば、そんな甘いことをいっているヒマはありません。5回目の受験以降は、「どんな結果であろうとそれを受け止めてすぐに対処しよう」と心に決めて、自己採点をしました。そして厳しい結果が出ていたら、来年に向けての勉強をすぐに再開するようにしたのです。

ただでさえ本試験終了後はポッカリと胸に穴が空いた状態で、緊張感も切れてしまいます。それは無理もありません。

しかし、1カ月も2カ月もなにもせず待っているのは愚の骨頂です。

自己採点してすぐに勉強を再開すれば、これまでのペースがさほど乱れることなく、通常の勉強リズムに戻すことができます。短期合格者はこの切り替えが早いのです。

長期受験生の場合、試験終了から合格発表までのあいだ勉強をほとんどせず、不合格という結果が明らかになって、あわてて勉強を再開する。毎年、この2カ月をムダにすることを繰り返し、不合格になってしまうのです。

本試験を受ければ終わりではありません。本試験で力を発揮し、「合格」を勝ち取るまでは、受験生という立場に変わりはないのです。

日常生活から「運」を味方につける

私が6回目の受験で司法書士試験に合格できた理由として、その年は「運」があった、という実感がありました。

身もふたもない話に思われるかもしれませんが、資格試験の合格には運が必要だというのも現実です。

「運も実力のうち」

このような言葉もあります。

「勉強法を教える本なのに、最後は精神論か？」と思われるかもしれませんが、自分自身の受験時代を振り返っても、やはり運は短期合格のためには重要な要素なのです。

「運なんて関係ない」とがむしゃらに勉強している人もいますが、私は運の大事さを認識しておくべきだと考えています。

では、どうやって運を味方につければよいのでしょうか？

それは、あなたの資格試験への挑戦を支えてくれている家族や友人、会社の同僚など、周囲の人たちに「感謝」をもって接することです。

誰にとっても時間は有限であり、1日は24時間、1年は365日しかありません。

本来なら家族サービスや仕事をしなければならない時間に、あえて自分の意思で資格取得を目指して勉強しているわけです。

あなたが試験勉強を続けられている環境は、周囲の協力があってこそ成り立っていることを自覚して、支えてくれている人たちへの感謝を忘れてはなりません。

資格試験予備校に通っている人であれば、予備校の講師や職員の方々、そして受験生仲間にも感謝の気持ちで接してほしいものです。

講師の方々は、受験生が理解しやすいように、実務の合間に自ら研鑽し、最新の試験状況を踏まえて講義内容を考案して、私たちに提供してくれています。授業の合間には時間を割いて受験生からの質問にも答えてくださるのです。

斜に構えて講師の言葉を聞き流すより、感謝の気持ちをもって接していく姿勢で講義に臨んだ方が、自分の頭の中への定着も確かなものになります。

また、同じ資格試験を目指す受験生仲間は、切磋琢磨して実力を高め合っていける大切な存在です。さらにいえば、合格後に同じ業界で働く可能性が高い人たちであり、将来ビジネスでお世話になることがあるかもしれません。

メジャーリーグベースボールで投手と打者の「二刀流」で大活躍中の大谷翔平選手は、花巻東高校1年生のときに「目標達成シート」というものを作成していました。

「プロ8球団からドラフト1位指名を受ける」という目標を達成するために必要とされる8個の要素を掲げていますが、そのうちのひとつに「運」があるのです。

そして大谷選手は、運を手にするために必要な要素として「あいさつ」「部屋そうじ」「ゴミ拾い」「応援される人間になる」といった項目を挙げていました。

厳しい勝負の世界で結果を残している超一流アスリートも、運を味方につけるために周囲への気配りや感謝を大切にしていたことがうかがえるエピソードです。

私たち資格試験受験生も、周りの方々への感謝の気持ちを胸に日々の生活を送っていき、運を味方につけて短期合格を成し遂げましょう。

コラム

長期受験生きりじゅんのメンタル管理勉強法

私がようやく合格できた6回目の司法書士試験の本番中、メンタルの重要性を痛感した瞬間がありました。

司法書士試験は、午前の部と午後の部に分かれています。午前の部は、民法や商法（会社法）など実体法の択一式で、試験時間は2時間です。

午前の部、択一式で出題された憲法の問題で「どちらの選択肢が正解か？」とかなり迷った問題がありました。

最初に「これだ」と思った選択肢と、考え直して次に浮かんだ選択肢。この二者択一で、どちらを選ぶべきか、かなり迷ったのです。

そのとき、「一度落ち着こう」と、深呼吸して再度見直し、最初に「これだ」と思った選択肢を解答しました。

結果、それが正しかったのです。

択一式試験で、候補を二つまで絞り込めたものの、最後の二者択一で外してしまったという経験は多くの受験生が思い当たるはずです。

自分の傾向として、二者択一で迷った場合は最初に選択した方が正解の確率が高いことを、事前に把握していました。

過去問を解いたり、公開模試を受けてきたうえでわかってきた、二者択一になったときの自分自身の傾向でした。

そのため本試験でも「二者択一になって迷ったときは最初に選択した方を答えよう」と、事前に決めていたのです。

ある意味、思い切った「割り切り」です。事前にそうやって決めておいたおかげで、試験中にメンタルが崩れることなく対処することができました。

そして午前中の択一式は基準点も突破できたのです。

午後の部は記述式問題も含めて3時間におよぶ長丁場です。

記述式問題でも、ひとつ問題を飛ばしてしまうというミスをしました。

試験終了数分前にそのことに気づいて、あわてて加筆をしました。時間が足りず、全部の記述を書ききれませんでしたが、答案用紙をある程度は埋めることができて、部分点はもらえました。

この問題を完全に書き忘れていたら、もしかしたら不合格だったかもしれません。

また、午後の試験中はどこかで一回リラックスした方がいいと思い、トイレ休憩を数分入れました。

そこで気持ちもリフレッシュし、最後まで粘って解答することができ、なんとか最終合格に至ったのです。

試験当日は予想しない出来事も起こります。自分が緊張したときにどういった行動をとることが多いかを把握して、事前に対処法を考えておくことで、いざというときも落ち着いて対応ができるのです。

終章

資格試験予備校はどう選ぶ？

独学か、予備校か？

最後に、資格試験予備校の選び方や活用法について述べておきます。

資格試験合格を目指すにあたって、どのように勉強するかについてはさまざまな選択肢がありますが、大きく分ければ「独学」か「資格試験予備校」かの二つがあります。

それぞれのメリットとデメリットを比較しましょう。

【独学】

メリット：書店で教材を購入するだけで気軽に、安価ではじめられる。

デメリット：勉強のペースを自分で作らなければならない。

　一般的に売られている教材は内容が古かったり不十分な場合もある。

【資格試験予備校】

メリット：試験のプロがカリキュラムを組み、講義や教材を準備してくれる。

デメリット：独学と比較すると費用が大幅にかかる。

このように、独学にも資格試験予備校にも、それぞれのメリットとデメリットがあるのです。どちらがいいとは一概に言えません。

ただし、目指す資格が難関と呼ばれるレベルにあるなら、試験のプロである資格試験予備校を使った方が、結果的には時間とお金の節約になるのではないかと思います。

費用がかかるので最初は独学で勉強していたがやがて限界を感じ、途中から資格試験予備校に通いはじめたという人も、私の周りに何人もいました。

私の場合、司法書士試験と行政書士試験は資格試験予備校に通って合格しました。

大学は法学部に所属していましたが、資格試験で問われる法律と大学で学ぶ法律とのあいだには乖離があったので、資格試験予備校で合格のノウハウを学んだ方が早いと考えたのです。

一方で、日商簿記2級とFP3級はほぼ独学で合格しました。

一般論として、合格までに必要な勉強時間が1000時間を超えるような難関資格は独学で合格するのはかなりハードルが高いので、資格試験予備校に通って勉強した方がよいと思われます。

資格試験予備校は確かに費用がかかります。しかし、合格するためのノウハウは蓄積されていますし、予備校側も「合格実績」を作らないといけませんから、受講生をなんとか合格までもっていこうと努力するのです。

短期合格をしたければ、自己投資だと思って資格試験予備校を使うほうがいいでしょう。

とはいえ、資格試験予備校に通うとなると、勉強ペースはつかみやすい反面、講義の時間は必ず拘束されますし、自由時間は少なくなってしまいます。

それに、資格試験予備校を使えば必ず受かるのかというと、そうでもありません。資格試験予備校に通っていても、なかなか合格できないという人も多いのが現実です。

「資格試験予備校に通えば大丈夫だろう」と、予備校におんぶにだっこという受身の姿勢でいる人は要注意です。こういう人は長期受験生になり、「資格試験の評論家」「資格試験オタク」になりがちなのです。

まず自分の性格や、目指す資格の難易度をしっかり把握したうえで、独学にするか資格試験予備校に通うかを判断してください。

資格試験予備校の選び方

一言で資格試験予備校といっても、人気資格であればかなりの数が存在します。

どの資格試験予備校も、合格実績や合格体験をアピールしており、パッと見ただけでは違いがわからないかもしれません。

ここでは資格試験予備校の選び方について、主なポイントを記しておきます。

【カリキュラム】

まずは、資格試験予備校のカリキュラムを確認してみましょう。

スケジュール的に自分がこなせそうなのかどうか。仕事をしている人は両立が可能か。カリキュラムを見る際には、授業時間の他に予習と復習の時間、通学の場合は行き帰りの時間が取れるかどうかもしっかり見定めてください。

答練や公開模試がカリキュラムに含まれているのか、それとも別途申し込む必要があるのかも、本試験に向けた実力アップのために重要なので確認しておきましょう。

【講師】

講義内容が頭に定着するかどうかは、実は講師との相性に左右されます。講師との相性がよくないと、勉強自体がとても辛くなってしまいます。

大きな予備校であれば、同じ科目でも講師が複数いる場合があります。

講師との相性を事前に確かめるのは難しいのですが、無料公開講座に出席したり、動画を見るなどして、できる限り確認しておきましょう。

【スタッフ】

意外と重要なのは、予備校スタッフの対応です。

受験生の相談に親身に乗ってくれるのか、対応は素早いのかどうかも、資格試験予備校を選ぶうえで重要な要素です。

講義への質問対応もスタッフが行うことが多いので、勉強を進めるうえでも大切です。スタッフの対応が悪いと、勉強以外のところで余計なストレスを溜めることになります。

スタッフの対応が良いかどうかは、パンフレットやホームページだけではわかりません。実際に足を運んだり、電話したりして、そのときの感覚を大事にしましょう。

【受講料】

最後に受講料です。予備校ごとに受講料が異なります。

安いからといって安易にその予備校に決めると、後悔することもあります。

私も受験生時代、受講料の安さで最初の予備校を選び、やや失敗した思い出があります。

また、パンフレットで書かれている受講料が、カリキュラムのどこまでをカバーした金額なのかもよく確認しましょう。

テキストは別料金であったり、オプション講座をとらないと試験範囲全部がカバーされないといった場合、パンフレットに掲載された受講料から大幅に上乗せされてしまうこともあります。

費用については、複数の予備校のカリキュラムを見比べて、不明点があれば問い合わせるなどしてみましょう。

「通学」「通信（オンライン）」どちらにするか？

最近の資格試験予備校の傾向として、通信講座の形態として「オンライン学習」の充実、あるいはオンラインへの特化が挙げられます。

受講生が自分の自由な時間に学習できますし、コロナ禍で教室に集まって授業を受けることに抵抗感がある人がいる影響もあるでしょう。

オンライン専門の資格試験予備校も増えてきています。オンライン専門の予備校は、校舎を構える必要がなく、教材もデータ配信できるので、運営コストが安くなります。その分、受講料も低価格に抑えられている点も人気の理由でしょう。

かつて通信講座といえば、自宅にダンボール箱で教材やＤＶＤがドサッと送られてきて、その量の多さに圧倒される受験生も少なくありませんでした。近年のオンライン学習は、スマホで受講できるなど気軽にはじめられるのも魅力です。

通信講座の中身にも2種類あり、通学の講座を録画・録音して配信される形式と、事前収録型である程度まとまって講座が配信される形式とがあります。これは、それぞれの好みで選べばいいと思います。

オンライン学習が全盛期を迎えている資格試験業界ですが、私は通学のメリットも捨てがたいと考えています。

通学は、講師がその場で行う迫力ある生授業ですから、緊張感がまったく違いますし、五感を通じて内容が入ってくるので記憶もしっかり定着します。

わからないところはその場ですぐ講師に質問もできます。

通学時間も合わせて拘束されますが、「予備校に行かなければ」という強制力によって勉強のペースを作りやすく、長丁場の試験勉強を乗り切るには向いていています。

また、通学の魅力は、同じ資格を目指す受験生と知り合いになり、切磋琢磨しながら同じ空間で勉強できる点にあります。

私が司法書士試験の基礎講座を受けはじめたときは、受験生の知り合いは誰もいませんでした。

しかし、何年も受験をしているうちに仲間が何人かでき、励まし合いながら勉強したりして、それがいい刺激となりました。

当時の受験仲間が、今はお互い実務家となり、仕事で相談に乗ってもらったりという形で人間関係が続いていたりもします。

こうした通学ならではのメリットも捨てがたいと感じています。

通信・オンライン学習の講座は、自分で自分を律して、自己管理ができる人なら効果的でしょう。しかし、ひとりで試験勉強をやり遂げるのは至難の業であり、多くの人が挫折していることも触れておきます。

また最近できたばかりのオンライン専門予備校は、受講料が安い半面、合格実績が不明確だったり、テキストが別料金だったり、スタッフの人数が少なかったりなど、注意しなければならない場合もあります。

校舎や通学コースもある老舗予備校と比較すると、オンライン専門予備校は受講前に念入りにチェックすべき点があるのは確かでしょう。

とにかくカリキュラムについていく

いろいろ吟味したあげく、予備校も決まり、やっと受講開始。

では、受講開始後はなにが大事なのでしょうか？

それは「カリキュラムにあわせて、しっかり勉強すること」です。

「当たり前じゃないか！」と思うかもしれませんが、これが最大の難関なのです。

講義は最初のうちは簡単に思えるかもしれませんが、徐々に難易度が増していきます。するとと、次の講義を受ける前までに復習を終わらせておかなければ、授業についていけなくなってきます。

通学の場合で、もし講義を休んでしまったら、次の授業の前までに必ず振替授業を受けるようにしてください。

通学生でカリキュラムについていけず挫折するのは、一回授業を休んでしまい、その後の振替授業が間に合わず、次の授業の内容がわからなくなりドロップアウトしてしまうというパターンなのです。

とはいえ、最初から授業内容がすべて理解できる人もいません。

復習しても理解できない箇所があれば、講師に質問するか、予備校の質問コーナーなどを活用しましょう。

それでも理解できないところがあれば、割り切って先に進むのが正解です。

このあたりは第2章で述べた通りですが、どんな科目でも、全体を最後まで勉強して初めて意味がわかることがあります。

わからない箇所でつまずいているうちに授業から脱落するのが、最も避けたいパターンです。初級者が最初から完璧に理解することはできないと割り切って、とにかくカリキュラムについていくことを優先しましょう。

あとは、受講するからには講師を信用して勉強してください。

プロの予備校講師の話す内容はかなり吟味されていますし、毎年ブラッシュアップされています。話す内容は非常に重要なことばかりですから、「その通りだ」という気持ちで信用して聞くことです。

だからこそ、講師との相性は重要になるのです。予備校選びの段階で、講師との相性は慎重に見定めて受講するようにしましょう。

資格試験に「中上級者」の概念は無意味

予備校のカリキュラムを見ると、時々「初級者」「中上級者」という形でコースを分けている例が散見されます。

しかし、資格試験においては「初級者」「中上級者」という区別は無意味だというのが私の考えです。

ハッキリいえば「合格者」か「受験生」かの区別しかありません。

資格試験には「中上級者」の概念は無意味なのです。

予備校側は、まったく勉強していない人を「初級者」、ある程度勉強している人を「中上級者」として便宜上、分類しているだけなのです。

しかし、これまで独学でやってきて限界を感じて予備校に通いはじめた人や、本試験受験経験がある（そして不合格になった）人は、「自分はもう1年勉強しているのだから中上級者だな」などと思わずに、むしろ「初級者」の講座から受講した方がいいでしょう。

これまで勉強してきたことはいったんリセットして、基本からスタートし直した方が、合格への最短距離になります。

自分は何度も受験しているから「中上級者」であるとは思わず、ただの受験生であると考えてください。そして、自分はどこで点数を落としているのかを吟味すると、多くの場合は基礎力に抜けがあるのです。基礎をイチからやり直すくらいの姿勢で勉強した方が、いい結果が出るでしょう。

また、新年度になれば法改正があったり、問題の傾向に変化があったりします。予備校は最新の情報をキャッチアップしていますので、自分の知識にこだわるよりは、予備校に任せた方が短期で合格レベルに達します。

繰り返しになりますが、資格試験受験生である以上、「中上級者」も「初級者」も関係ありません。ただの「受験生」なのです。

余計なプライドを捨てて、まっさらな気持ちで受講することが、予備校を最大限活用する秘訣でもあるのです。

おわりに

「人生、苦しいときが上り坂」

これは、私が大学受験予備校に通っていた時期に、ある講師からかけられた言葉です。

時が流れ、司法書士試験に挑戦して再び受験生となった6年のあいだ、苦しいときには
いつもこの言葉を思い出し、「あと一歩、もう一歩」と自分を奮い立たせてきました。

苦しいということは、自分が成長している証拠でもあるのです。

そして現在、司法書士・行政書士の実務家として、自分の事務所を構えて仕事をすることができています。

私はいわゆる一発合格者でも、短期合格者でもありません。6年かけてようやく資格をとった長期受験生です。

6年のあいだ、何度も悔しい思いをして、ときには投げ出したい気持ちを必死でおさえ

て、合格を目指して勉強しました。

それも今ではいい思い出です。


しかし、私と同じように長期受験生となって、さまざまな事情によって合格を諦めざるをえなかった人が何人もいました。

勉強した日々がまったくのムダとはいいませんが、頑張ったあげくに資格がとれなければ、それに費やした労力も時間もお金も報われません。

悔しい思いをする人を少しでも減らしたい。私の経験をふまえて、短期合格して早く実務の世界で活躍してほしい――。

そのような思いで本書を執筆しました。

長期受験生の方をはじめとして、これから資格試験に挑戦しようとしている方、資格を取得してビジネスで活躍したい方などに、本書の「逆算メソッド勉強法」をぜひとも活用していただきたいです。


資格試験の勉強は、たしかに苦しいし、諦めたいと思うことも多いでしょう。

しかし、正しい方法論と、正しい努力をしていれば、特別な才能がなくても誰でも合格ができる。これが資格試験の魅力です。
本書を参考にしていただき、ぜひ短期合格を目指して頑張ってください。

最後に、謝辞を申し上げます。
本書を書く機会を与えてくださったみらいパブリッシングの皆様、精神科医で作家の樺沢紫苑先生、企画書からブラッシュアップしていただいたブロガーで作家の立花岳志さん、企画を推していただいた山口拓朗さんと山口朋子さん、編集者の田中むつみさん、そのほか多くの人々の支えがあって本書を世に出すことができました。心より御礼申し上げます。

そして、これまで支えてくれた両親に、深く感謝します。

プロフィール

桐ケ谷淳一（きりがや じゅんいち）

司法書士・行政書士（東京司法書士会・東京都行政書士会）

2007年共同事務所開設後、東京都江戸川区船堀にて2022年司法書士・行政書士きりがや事務所を独立開業。

1977年東京都生まれ。2000年日本大学法学部法律学科卒業。

大学時代から司法試験を目指すものの、大学２年で挫折。たまたま書店の資格試験予備校のパンフレットをみて「司法書士」という仕事を知り、自分にあっていると思い受験勉強を開始する。

大学３年生から司法書士試験予備校に通うも、就職活動と両立しながらの勉強は厳しく在学中は全滅。就職活動もほぼ全敗で、卒業後は無職で司法書士試験に挑むも撃沈。その後司法書士事務所に勤務しながらの司法書士試験の勉強を行い、６回目の挑戦で司法書士試験に合格。同年行政書士試験も合格。

その経験から、働きながらどのようにすれば効率よく勉強できるのかを模索し、過去問を中心とした勉強法と繰り返し勉強すること、さらには試験日から逆算して勉強していくことの大切さを知り「逆算メソッド勉強法」を開発。その結果効率よく勉強できたことをTwitterやFacebook、YouTubeなどで情報発信。

司法書士取得後も自己研鑽のために日商簿記２級、FP３級を取得。今後もさまざまな資格試験にチャレンジする予定。

著書に「士業専門家による中小企業支援のてびき」（民事法研究会 共著）がある。

資格合格《しかくごうかく》 逆算《ぎゃくさん》メソッド

2023年2月24日　初版第1刷

著者　桐《き》ケ《り》谷《がや》淳一《じゅんいち》
発行人　松崎義行
発行　みらいパブリッシング
〒166-0003 東京都杉並区高円寺南4-26-12 福丸ビル6F
TEL 03-5913-8611　FAX 03-5913-8011
https://miraipub.jp　mail：info@miraipub.jp
編集　田中むつみ
ブックデザイン　則武 弥（paperback Inc.）
発売　星雲社（共同出版社・流通責任出版社）
〒112-0005 東京都文京区水道 1-3-30
TEL 03-3868-3275　FAX 03-3868-6588
印刷・製本　株式会社上野印刷所

ISBN978-4-434-31590-9 C0036